我的爷爷 郑德荣

郑凯旋 著

吉林人民出版社

图书在版编目(CIP)数据

我的爷爷郑德荣 / 郑凯旋著. -- 长春：吉林人民出版社，2020.8（2024.1重印）

ISBN 978-7-206-17489-6

Ⅰ.①我… Ⅱ.①郑… Ⅲ.①郑德荣（1926-2018）—先进事迹 Ⅳ.①D263

中国版本图书馆CIP数据核字（2020）第161338号

出 品 人：常　宏
策　　划：陆　雨
责任编辑：韩春娇　王　丹
助理编辑：高铁军
封面设计：尤　雷

我 的 爷 爷 郑 德 荣
WO DE YEYE ZHENG DE RONG

著　　者：郑凯旋
出版发行：吉林人民出版社（长春市人民大街7548号　邮政编码：130022）
咨询电话：0431-85378007
印　　刷：北京一鑫印务有限责任公司
开　　本：720mm×1000mm　1/16
印　　张：13　　　　　字　　数：150千字
标准书号：ISBN 978-7-206-17489-6
版　　次：2021年1月第1版　　印　　次：2024年1月第2次印刷
定　　价：42.00元

如发现印装质量问题，影响阅读，请与出版社联系调换。

我的爷爷郑德荣

前言

我是幸运的。我出生在吉林省长春市的一个知识分子家庭,我的爷爷就是让国人都认知并敬佩的郑德荣教授。他是我国著名中共党史专家,马克思主义中国化研究的重要开拓者和奠基人。爷爷去世后,教育部追授他"全国优秀教师"荣誉称号;中共中央追授他为"全国优秀共产党员",并在决定中指出:郑德荣同志67年来始终坚守在教学科研一线,出版学术著作和教材五十余部,他学高德馨,以身垂范,牢固树立为党和人民述学立论的远大理想,把传承红色基因贯穿立德树人全过程,把党的创新理念贯穿学术研究全过程。他品行高洁,虚怀若谷,从不以资深学者自居,从不为自己和亲属谋取特殊照顾,赢得广大师生和学界的普遍敬仰。

记得幼年时的我经常到爷爷家学习、玩耍。那时的爷爷就经常把自己关在书房中,一待就是一整天,仿佛里面有什么东西在吸引着他。爷爷在书房里究竟在干吗?是什么有那么大的魔力?里面藏有什么秘密?这些问题时常会浮现在我的脑海中,挥之不去。终于有一天在好奇心的驱使下，我壮着胆子，蹑手蹑脚地来到爷爷的书房前，悄悄地把门推开一条缝隙，往里看去，此时的爷爷正端坐在书桌前聚精会神地读书，他的神情是那么的专注、严肃，时不时地还拿笔在纸上写着什么。突然，爷爷抬起头说："是凯旋吗？进来吧。"我这才意识到已经被爷爷发现了，只好怯生生地推开房门，走到爷爷面前说："爷爷，对不起，打扰到您了。"爷爷慈爱地摸了摸我的头说："凯旋，去把书架上那本红色封皮的书给爷爷拿过来。"我把书交到爷爷的手中。爷爷翻开书，给我讲起了"草原小姐妹"的故事，当听到小姐妹为了保护公家的羊群竟然在冰天雪地里战斗了二十多个小时，几乎冻死时，我的眼睛湿润了。此时，一颗红色的种子已悄然播种在我的心田……这是深埋在我记忆中的一个人生片段，更是爷爷留给我的一份珍贵的精神启蒙。

我的爷爷郑德荣教授，是当代著名的中共党史学家，他用了近70年的光阴，精研中共党史，著书立说、教书育人，立足于平凡的岗位，做出了不平凡的业绩。在工作和生活中，他一方面注重提升自身的学术素养和党性修养，夯实信仰之基，毕生以钻研红色理论、传播红色思想、培育红色英才为己任，被誉为"红色理论家"；另一方面始终坚持言传身教、修身齐家，在家族中承袭红色家风，先后培养出"三代党史人"。我以孙子的视角向读者展现爷爷不为外人所知的"另一面"。

前言

爷爷不仅是一名优秀教师、优秀共产党员，更是一名集慈爱与严苛于一身的丈夫、父亲、爷爷。说他慈爱是因为他无时无刻不在关心、牵挂着身边的每一位亲人，每当家人遭遇困境或历经人生重大转折关头时，他都会及时地出现，像舵手一样为我们指明前行的方向；说他严苛是因为他要求家人时刻把爱党、爱国放在首位，做一名有追求、有信仰、有原则、有底线的人。他就像一枚磁铁将六个小家的二十多名成员牢牢地吸附在他的身边；他就像一缕春风滋润着我们的内心；他就像一盏路灯照耀着我们前行；他用无私的爱为我们撑起了一片湛蓝的天空。今天，爷爷虽然已经离去，但是他的音容犹在，精神不朽，信念长存。

追溯我的人生轨迹，从初识纸笔到青年养成，再到择业执教，每一个阶段都有爷爷的支持与陪伴，正是在他多年的教导、培育下我才能够从懵懂少年逐步成长为博士研究生，直至成为一名党校教师。在这一过程中，我不仅感受到了爷爷对我成长过程中从内而外的助力，更见证了爷爷用自身的言行影响、感染着家族中的每一位成员，进而在家族中形成了以"忠诚、守法、团结、朴素、奉献、奋进"为核心的优良家风。爷爷走了，作为后代子孙，同时也是一名党史工作者，我有责任也有义务将自己多年来生活在爷爷身边的所见、所闻、所知、所感记录下来，一是时刻提醒自己，今生一定要做像爷爷那样的人，坚定信仰，永远跟党走；二是时刻告诫自己，红色基因的传承决不能在我们这一代人停滞；三是时刻勉励自己，爷爷从教一生的治学方略是鼓舞我辛勤耕耘、在学海求索的无穷动力。

郑凯旋

2020 年 5 月

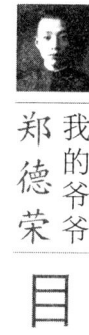

我的爷爷 郑德荣 目录

言传身教培育"红色家风" / 001

忠于信仰　不忘初心 / 003

艰苦朴素　勤俭治家 / 022

严于律己　公私分明 / 033

万年太久　只争朝夕 / 045

生命不息　奋斗不止 / 060

成果丰硕　业绩斐然 / 072

父慈子孝植根"红色家风" / 083

夫妻恩爱　舐犊情深 / 085

寸草生辉　慈乌反哺 / 093

孝悌传家　瑞满华堂 / 101

三代党史人传承"红色家风" / 109

世代书香　翰墨芬芳 / 111

人生导师　前行灯塔 / 116

不遗余力　事业扶持 / 122

红色基因　代代相传 / 132

附录 / 135

附录1：郑德荣年谱 / 137

附录2：小事映大爱
　　　　——悼念恩师郑德荣先生 / 176

附录3：难忘的情境　一生的典范
　　　　——记我师郑德荣先生 / 178

附录4：教泽永铭心如许　师恩浩荡重如山
　　　　——素描先生二三事 / 186

后记 / 199

我的爷爷郑德荣

言传身教培育『红色家风』

言传身教培育"红色家风"

◎忠于信仰　不忘初心

爷爷是一名坚定的共产主义者,是名副其实的"红色理论家",67年来他兢兢业业从事马克思主义中国化的理论研究与教学工作,不管在何种情况下他的信仰从未有过丝毫动摇,他的心也从未离开过一张书桌、三尺讲坛,就连他留给家人的最后一句话都是"不忘初心,坚持马克思主义。"

2018年4月上旬的一个深夜,身患重病的爷爷突然从梦中醒来,一阵阵剧痛在侵蚀着他的每一寸肌体,每一根神经,他下意识地想要呻吟几声,却发现嗓子已干哑得发不出一丝声音,甚至连动一动都很难。他心里明白,此时自己唯一能做的一件事就是以自己的方式去勇敢面对并抗击病魔的侵袭。在深深地吸了一口气后,他的脑子开始了飞快运转,一瞬间他仿佛回到了熟悉的书房,站在书架前翻阅着一本本历史参考文献、学术经典著作,并沉浸其中;另一刹那,他仿佛又坐回到书桌前与对面的学生探讨学术问题,此刻的他文思泉涌、滔滔不绝……突然,某一根敏感的神经触动了他,他睁开了紧闭的双眼,艰难地举起手臂按动墙上的闹铃,几秒钟后他卧室的房门被推开,正在隔壁房间的小姑走到他的床榻前,俯下身来关切地问:"爸,您有事吗?是不是哪里又不舒服了？用不用叫救护车？"此时的爷爷因肺部被癌细胞感染造成肿大并压迫到气管，已几近失语，他用尽浑身力气从喉咙中挤出几个字来："转告我的学生，不忘初心，坚持马克思主义！"随后又沉沉睡去。第二天，小姑将原话转告了爷爷的学生及家人，可让我们没想到的是，这句话竟成了爷爷的遗言……

爷爷从病发到过世历时半年多的时间，他从没有向家人、医生询问过病情，更没有给家人留下半字遗嘱，他最为惦念的始终是他几十年如一日持续推进的学术研究工作；是他正在申报的国家重点课题；是他正在撰写的科研文章以及学术著作；是他倾尽心血培养的学生……

爷爷在世时我就思考过这样一个问题，究竟是一股什么样的力量在鼓舞着他，让一位老人仍对自己的事业如此的执着，在旁人看来枯燥而又乏味的科研工作，他却甘之如饴，甚至视它们为自己生活在这个世界上最高价值的体现。直到爷爷过世后我终于找到了答案：是信仰的力量。罗曼·罗兰说过："居于一切力量之首的，成为所有一切的源泉的是信仰。而要生活下去就必须有信仰。"惠特曼也说过："没有信仰，则没有名副其实的品行和生命。"多少年来，爷爷正是在这股力量的推动下，才能在学术道路上一路披荆斩棘直奔真理的彼岸。

那么这股力量又源于何处呢？一方面与老人家多年刻苦钻研

马克思主义专著、中共党史文献有着必然的联系；另一方面还源于他曲折而丰富的人生经历。还有最重要的一点，无论在什么年代、什么时期、什么环境下，他对党始终是忠心赤胆一以贯之，任何风浪不迷航，把党看作是自己的生命和热血。

1926年2月，爷爷出生在吉林省延吉县龙井村的一个普通家庭，太爷爷是地方邮局的一名职员，虽然生活比较清贫，但是爷爷的童年却过得十分快乐。然而，平静的生活却在1931年突然被打破了，日军发动了"九一八"事变，并随即占领了东北全境。对于这段历史，爷爷曾动情地回忆道："在我5岁那年，本来正过着幸福快乐的童年，但莫名其妙的就成了'亡国奴'。在伪满洲国的学校里读书的中国孩子经常遭到日本老师的体罚、辱骂，而且在学校期间不允许我们说汉语，写汉字。每天早上来到学校做的第一件事就是在操场上集会，集会的内容先是朝拜，再唱伪满洲国国歌，最后由校长宣布伪满洲国皇帝的诏书，诏书通篇讲的都是'日满友好''日满协和''大东亚共荣'……"

爷爷还说那时的思想禁锢也非常严重，家中的老人不敢向孩子提及"中国"两个字，一旦说了传出去被警察知道就会遭受灭顶之灾。公共场所到处都张贴着"莫谈国事"。普通人家不允许吃大米，否则就要以"经济犯"处置。因此，他从小接受的是日本人的奴化教育，过的是寄人篱下、受人奴役的"亡国奴"生活，这样的成长环境让他切身感受到了什么是"亡国之痛",幼小的心灵已经沉淀了一份浓郁的家国情怀。

1945年,高中毕业的他为了避免被强征为伪满洲国的国兵报考了"新京法政大学",并以优异的成绩被录取。同年8月,当得知日本即将宣布无条件投降的消息后,正在阜新筹备婚礼的爷爷当即决定婚礼提前举办,他要用自己的方式来迎接中华民族最伟大、最辉煌时刻的到来!1945年8月15日,他和我的奶奶盖静安喜结连理,携手走进了婚姻的殿堂。有人说恋爱使人盲目,而结婚是使人复明的灵丹,爷爷和奶奶的婚姻可以说是爷爷人生走向成熟、走向成功的第一道台阶。

日伪殖民统治的时代结束了,但是东北人民的苦难和煎熬却并未终结。很快,蒋介石又发动了新一轮的内战,国民党统治期间长春物价飞涨,百姓民不聊生,学校也被笼罩在一片"白色恐怖"中。见到国民党如此的腐败、黑暗,爷爷毅然决定投奔光明。1948年,他怀揣着对革命事业的憧憬与向往,与一部分志同道合的同学冒着生命危险,穿过国民党设立的重重哨卡到达了解放区。

"解放区的天是明朗的天",那里的一切都让爷爷感到新鲜,有一种"找到了'新生'的感觉"。后来他以进步青年学生的身份被组织安排进入东北师范大学的前身东北大学读书,在读书期间受教于老一辈无产阶级革命家、教育家成仿吾、公木(张松如)、张心如、智建中等,并得到红色启蒙。爷爷评价当时给他讲授中共党史的公木先生:"公木先生,那可是大人物啊!先生是个诗人,党的理论经他口语化一讲,既有真理性,又很吸引人,让我明白了共产党是什么样的党。"多年后,爷爷依然忘不了,这位"大人物"身穿一件旧棉袄,腰扎一根草带子,手拎一个白铁壶,一边倒水喝,一边用大白话讲解《中国革命与中国共产党》。"哎,大家都愿意听,入耳、入脑、入心。这些干部作风好,和群众都打成一片,穿的、戴的都很朴素。"爷爷回忆道。共产党人的作风,爷爷打心底里服气,所以从一开始接触马克思主义就坚信不疑,得出跟着共产党走这个结论。

随着如饥似渴地研读马克思主义经典著作,感性认识逐渐上升为理性认同,爷爷看到了个人和国家的希望,找到了自己的精神家园。山河破碎的耻辱让他不停地叩问自己,怎样才能拯救这片积贫积弱,饱受日寇铁蹄践踏的土地?一颗渴望国家独立富强的种子已悄然生根发芽。爷爷一接触到马克思主义、毛泽东思想,立刻就感受到了真理的力量,进而悟出了唯有以中国化的马克思主义为指导思想、行动指南的中国共产党才能救中国的真谛,同时将信仰转化为无穷力量,义无反顾地投身于社会主义建设、改革开放的洪流中。可以说,正是因为之前的人生经历才让爷爷深刻地认识到能够挺起胸膛做一名真正的、堂堂正正的中国人是一

我的爷爷郑德荣 <<<

件多么不容易的事情,深刻地认识到国家民族的兴衰与个人的荣辱是休戚相关的,也正是这样一种人生经历让他心中深藏一份具有历史厚重感的爱党、爱国情怀,这种情怀几十年来体现在他生活中的每一个瞬间,让身边的人感同身受。

青年时代的郑德荣教授

东北大学旧址

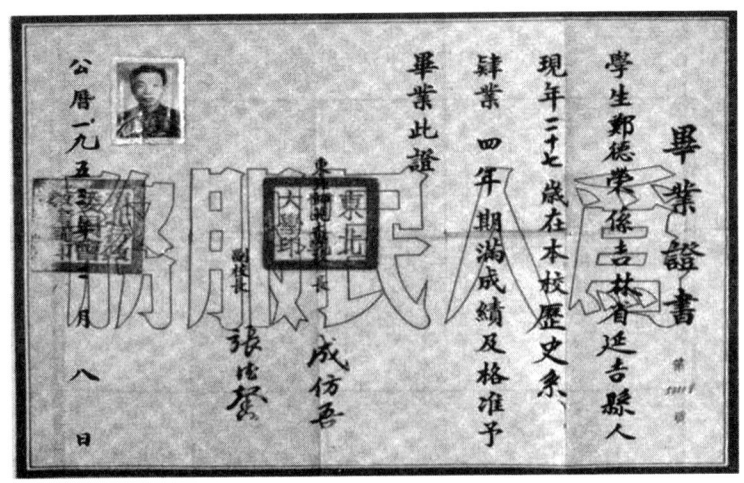
郑德荣教授的本科毕业证书

言传身教培育"红色家风"

郑德荣教授青年时代手书

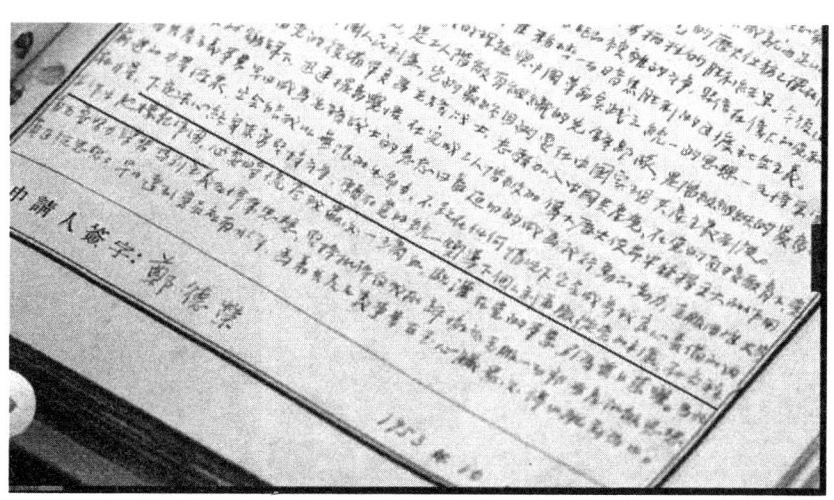

郑德荣教授的入党申请书

2016年2月16日是爷爷90岁生日,他的学生们在东师会馆举办了一场生日宴会,当时我作为家属代表也参与其中,宴会举办得很隆重,学生们不仅纷纷送出了自己的祝福,还拿出了为老师精心准备的一份生日礼物——一条红色的围巾,现在宣传画上最常见到的爷爷围着红色围巾的照片,就是在那天拍摄的。在宴席进行过程中,爷爷站起来说了这样一番话:"今天我满90岁了,再过5年,我95岁,那一年正是建党100周年,到时候我们再欢聚一堂为伟大的党庆生!"听到他的这番话在场的人无不为之震撼,刘世华教授回忆起这一幕动情地说:"原来,先生的学问、勤勉、成就乃至高寿,皆源于这样的情怀与追求——把自己的生命与伟大的党融为一体,达致永恒。"

郑德荣教授90寿诞合影

郑德荣教授的生日照

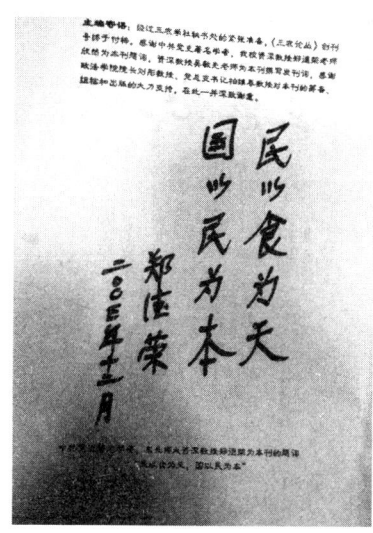
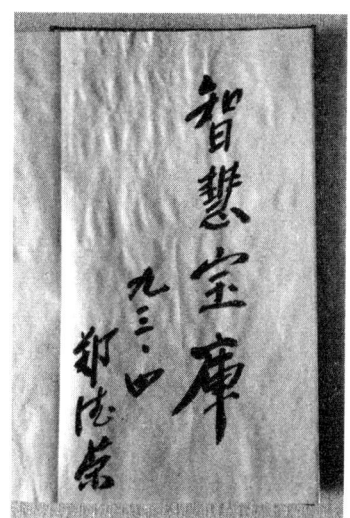

郑德荣教授的手书题词

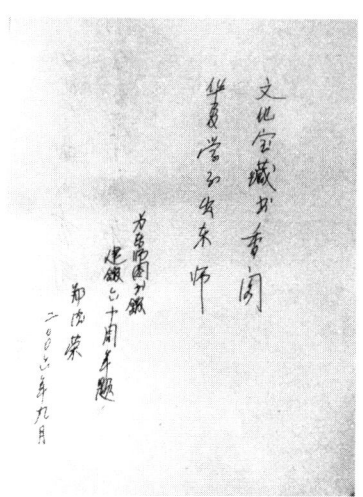
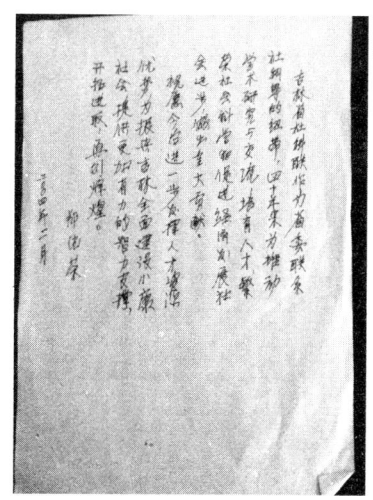

郑德荣教授的手书题词

郑德荣教授被《世界名人录》收录

郑德荣教授的学术手稿(重要部分)

我的爷爷郑德荣 <<<

画作《桃李芬芳》

山东曲阜中国教师博物馆郑德荣展区

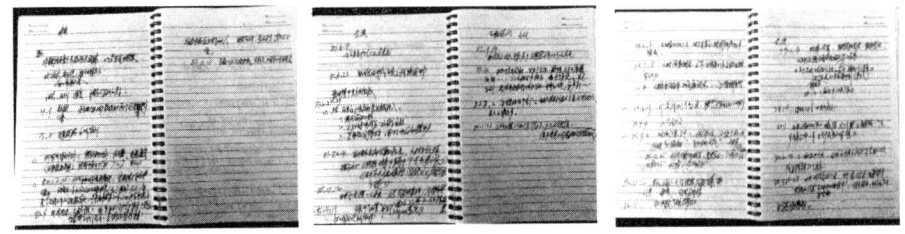

郑德荣教授的学术日记手稿

言传身教培育"红色家风"

话剧《郑德荣》

1986年郑德荣教授在美国伊利诺伊州举行的
"纪念西安事变50周年国际学术研讨会"上做大会发言

2008年郑德荣教授参加"第二届周恩来研究国际学术讨论会"

爷爷作为一名党史学者内心是特别坚强的，多少年来，我只见他有过三次落泪的情景。

第一次落泪是在 2016 年。那一年 5 月，与他相濡以沫整整 71 年的老伴儿——我的奶奶突然因病辞世，就在 2015 年全家还给两位老人举办了 70 年结婚庆典，可是没想到仅仅一年他们二老就天人永隔。在奶奶过世后的很长一段时间里他都精神恍惚，做事开始有些颠三倒四，甚至有几次出门鞋子都穿反了。送奶奶走的那天考虑到爷爷的身心状态，家人们并没有让他去现场送别，而是安排了一位学生在家中陪伴他。后来据学生说在我们离开后，爷爷对他说："邱潇啊，我和你师母算是永别了，可是我想她呀！这样，你从书架上找本文献给我读一读吧。"就这样学生给他读了一上午的文献，中午我回到家中对爷爷说："您放心，一切都已经处理好了。"老人家潸然泪下……其实不管是后来在病榻上思考学术问题，还是之前让学生阅读文献，这仅仅是一种外在的表现形式，真正支撑他的是对自己事业的无比忠诚与热爱，是他内心坚不可摧的红色信仰与信念。

言传身教培育"红色家风"

20 世纪 60 年代中期郑德荣教授与家人合影

20 世纪 60 年代末郑德荣教授全家福

第二次落泪是在 2017 年 7 月 30 日。为庆祝中国人民解放军建军 90 周年，国家在朱日和训练基地举办了声势浩大的阅兵仪式。爷爷本来想在家中观看直播的，可是前一天下午他身体突发不适,在我和学生的陪伴下去医院就诊,经过初步诊断,大夫建议老人家住院观察治疗,第二天他在病房中坚持看完了整场直播。当看到习近平总书记检阅三军浩荡磅礴的场面时,他突然热泪盈眶,双手握拳并举过头顶,嘴巴一张一合仿佛在呐喊着什么,终于情绪不能自已,眼泪夺眶而出……作为民族苦难的见证者,作为新中国从站起来、富起来到强起来的亲历者与奉献者,他深深地感受到今天的幸福生活是多么的来之不易,而他的一片爱党、爱国之情正是建立在此基础之上。

第三次落泪是在 2018 年 4 月底。这时的爷爷已经身处弥留之际,此时他的学生邱潇拿着博士论文的外审结果来到老师身边,对他说:"老师,您放心吧,我的外审结果已经出来了,不仅顺利通过,而且我的外审分数是学院同一届毕业生中最高的。"听到这个消息后,老人家的眼睛湿润了,

20 世纪 50 年代的郑德荣教授

眼泪随之从脸颊滑落。他是为自己在人生的最后阶段还能够培养出这样优秀的学生而感到由衷的骄傲与自豪,一位人民教师的最高荣誉莫过于此。

爷爷这份深沉厚重的爱党、爱国情怀,坚如磐石的信仰、信

念不仅体现在日常生活上，更突出表现在他的教学生涯中。每年他给新生讲的第一课，既不是专业知识，也不是学前动员，而是寓意深刻的信仰、信念教育，帮助新生拧紧思想的"总开关"。我曾有幸现场聆听过几次："今天入了这个门儿，就必须成为坚定的马克思主义信仰者，以后不管什么情况，都要立场坚定，对党忠诚。""作为一名党史工作者，我们要有担当与责任感，对于党史的细节要一锤子一锤子地敲定，要为党负责，为人民负责。"这是爷爷发自内心的声音，也是他对未来国家栋梁的殷切希望。

作为一名共产党员，爷爷时刻牢记党员应尽的义务，从未有过丝毫的疏忽与懈怠。

他几乎每个月都按时来学校缴纳党费，偶尔不能自己来，也要让学生及时送过去，入党66年来他从未拖欠过一次党费。只要是党支部组织的会议、活动，他都会准时参加，积极发言，即便因住院无法到场，也会在第一时间跟书记请假。2017年，吉林省委组织部要求党员在手机上注册"新时代e支部"，他知道后立即让家人帮忙注册，从此只要一有时间他就会戴上花镜，打开"新时代e支部"逐条、逐字地阅读里面的内容。

干顶天立地事，做举旗亮剑人。多年来，爷爷始终以捍卫真理为己任。"现在研究毛泽东思想还有用吗？"多年前，在参加一次马克思主义中国化学术会议时,一名外校青年教师向爷爷请教。发问者不是老百姓,而是从事马克思主义中国化教学研究的理论工作者,这让爷爷深感忧虑。作为回应,他在大会上做了针对性的长篇发言,随后又发表了《毛泽东思想的历史地位与当代价值》等多篇论文和著作,系统阐述了毛泽东思想的时代意义,在学术界产生了强烈反响。

无独有偶,在湖南参加"现代化视野中的毛泽东思想研究"国际学术研讨会时,一名学者主张"中国特色社会主义理论体系应该包括毛泽东思想"的大会发言,又让爷爷愕然,感到有必要从学理上及时回应。正值酷暑,82岁的老人家抛开准备好的讲稿,利用午休时间重新撰写发言提纲,

20世纪70年代的郑德荣教授

阐述毛泽东思想和中国特色社会主义理论体系既一脉相承又与时俱进的关系。这一发言观点鲜明,论证有力,廓清了模糊认识,与会学者高度认同。离开湘潭的那天清晨,天刚蒙蒙亮,他专门来到毛泽东塑像前,献上鲜花,伫立良久,语重心长地对随行学生说:"我们参加学术会议,既要虚心接受各种学术观点,也要有政治鉴别力和敏锐性,关键时刻要敢于正面发声。"

言传身教培育"红色家风"

20世纪80年代的郑德荣教授

爷爷还有个"永久牌"与"飞鸽牌"的论断广为流传。"我们做人民教师的,尤其是党史专业教师,无论课堂教学、学术研究还是资政建言,都要做'永久牌',就是要始终坚守信仰、信念,持之以恒地用马克思主义的立场观点方法做指导,决不能做'飞鸽牌',不能当'墙头草'。"

家族中的掌舵人、中共党史专家,培育英才的人民教师……爷爷有过多重身份,但是在他心中唯一不可替代的身份只有一个——中国共产党党员,不管面对何人,身处何地,党性原则永远是他做人的底线,党的利益永远高于一切是他的人生信条,忠诚信仰是推动他砥砺前行的精神支撑与动力源泉,让马克思主义的真理之光照亮世界每一个角落是他穷尽毕生的目标与追求。

爷爷就是一个扛着自己的信仰而前行的战士,雪莱说过:

我的爷爷郑德荣 <<<

"信仰就是一种感情,这种感情的力量,就同其他各种感情一样,恰好同激动的程度成正比。"信仰是可以创造奇迹的。

20世纪90年代的郑德荣教授

◎艰苦朴素　勤俭治家

"节俭养德"是爷爷恪守的人生座右铭之一。几十年来他在生活上克勤克俭,力求节约,坚决抵制铺张浪费。多年来,他一直住在老房子里,装修很简单,家具都是旧的,生活极其俭朴。衣裤总是那几件,穿的鞋都从地摊上买,几十块钱一双。出门带的黑色手包是出版社赠的,一支笔、一个本、一部手机、一串钥匙,就是包里的全部家当。甚至连日常买菜都"货比三家",买最便宜的。爷爷懂得这样一个朴素的道理:购买不需要的东西的人,不久便会买不起他需要的东西。挥霍无度的人,等于将自己的前途押了出去。

爷爷家保存着一张已经泛黄的黑白老照片，在照片中时值中年的爷爷面带微笑地坐在家中，相拥在他身旁的是儿时的老叔与二叔，那时二叔年龄稍大站在地上，老叔还小就坐在爷爷的腿上，这张照片记录下了父子间温馨和谐的一幕。照片是在1957年拍摄的，那时东北师范大学分给爷爷一处过渡性住房，位于长春市自由大路吉林艺术学院后身的东北师范大学第四教职工宿舍。那个年代的房子有个特点，整栋楼的楼层并不高，最多不超过五层，但是形状却是细长的，刚一进楼道是长长的走廊，走廊一侧是墙壁、窗户，另一侧是住宅，一个楼层大概能住上20家左右，楼道的尽头是公共卫生间，正是因为这样一种特殊的构造与格局，这类楼房还有个别名——筒子楼。爷爷一家住的就是"筒子楼"，一共两居室，一间给孩子们住，一间是他和奶奶住。

新中国成立初期，国家百废待兴，物资比较匮乏，生活条件更是十分艰苦，房子里面除了日常需要的桌椅、书柜外基本上没有什么家具摆设，很多人家晚上都用蜡烛、油灯照明，由于爷爷从事的是教学工作，白天上班，晚上回家还要备课，出于工作需要，大屋就安装了一个50瓦的小灯泡。听爸爸说那时爷爷晚上常常伏案到下半夜，可时间一长，即便爷爷的身体能熬住，眼睛却受不了了，双眼不仅布满血丝，还迎风流泪。去医院检查，大夫建议他保持正常睡眠，不能再继续熬夜。但那时他的教学任务特别繁重，根本停不下来。后来为了能够在夜间继续工作，爷爷想出了一个办法，找到学校的一位木匠师傅，让这位师傅给他做了一个手工台灯——就是摆放在书桌上的那一个。整个台灯以一个刷了几层红油的粗制小砚台为底托，底托上边为了装饰固定了一个白色的搪瓷小鸽子，另一边放置的是台灯，台灯的灯身用的是老式的"大肚子"糨糊瓶，瓶口与灯泡连接在一起，穿上一根电线，最后为了聚光还用白纸做了一个白色的灯罩，就这样一个简易的台灯做好了。当然，那是在 20 世纪 50 年代，我为此还专门找长辈了解了一下，那个年代在国内根本买不到台灯，像爷爷这样能有一盏手工的台灯已经实属不易，这样一盏简易的台灯他一用就是整整 33 年。在这期间他相继担任过院系、学校的重要领导职务，完全有条件将台灯换掉，但他却舍不得。

1990 年学校给爷爷分了新房，在搬家时他的学生发现老师使用的是这样一盏破旧的手工台灯，就建议老师把台灯换掉，可是爷爷却坚持说这盏台灯虽然旧，但还能用，就这样扔掉太浪费了。后来学生们聚在一起商量，决定送给老师一盏新台灯，理由是恭贺老师乔迁之喜，可是台灯送过去了爷爷却坚决不收，说不能要学生们的东西。这下学生们又犯难了，没办法只能找我的奶奶去"说情"，最后的结果是台灯爷爷收下了，用他的话说："不能伤了孩子们的心",但是灯钱却是他自己出的。

现在回想起来,其实爷爷何尝不像一盏熠熠发光的台灯,经常给自己光和亮的人,他的心中是没有黑暗的,作为教师的爷爷,这一生把思想的光、智慧的亮都无私地发散给了他的本科生、硕士生和博士生们。

郑晓光手绘台灯构造图

爷爷不仅关心学生在校求学期间的学习生活,也关注学生毕业后的成长,总是慈父般的关爱与叮咛,嘘寒问暖、关怀备至,帮助学生确立正确的人生航向,找好未来征途中的社会定位。他经常与已经毕业的博士生们交流工作和生活情况,指导他们科研和教学上的诸多问题,出差到各个大城市也都与当地的学生团聚,一起交流。爷爷常说自己人生的最大欣慰感和快乐源泉,一是科研成果给人以启迪,服务于社会;二是学生成就给他鼓励,青出于蓝而胜于蓝。每年新生入学时,爷爷考虑到净月校区距离他的住处比较远,而他主要在家中教学,学生往返不便,都会想办法在校部为他们安排住处,学生入学后每个月银行卡里都会收到1000元钱,爷爷说这是学校给补助的生活费,其实这是爷爷个人补贴给他们的。

爷爷有一位博士生来自贵州,家庭条件不太好,入学后非常刻苦,深得爷爷器重。有一年这位学生的奶奶在家中突生重病住进了医院,学生就向爷爷请假,想回去探望奶奶,爷爷听到这个消息立即下楼去银行取了两万元现金,交到了学生的手中,并说:"两万元虽然不多,但略表我的心意吧。"爷爷去世后,大家在收拾遗物时还发现了一个陈年信封,上面写着:"转占仁、艳波、国庆",里面装着现金。为什么爷爷的抽屉里会有这样一个信封?四处打听之下,事情的原委终于浮出水面。2006年爷爷主编完成了一本著作《毛泽东思想新论》,著作出版后出版社随即寄来3000元稿酬,由于当时三位学生也参与了写作工作,爷爷认为这份酬劳应该分给他们,于是他拿到稿酬的第一件事就是与学生们联系,希望他们过来把钱取走,可是学生们却不约而同地选择了放弃。爷爷在无奈之下只好找来一个信封,把钱放进去,并在信封上写了上面那句话,从此只要是三位学生中任何一位来家中看望爷爷,爷爷都会从抽屉中取出信封把钱拿给他们,可是始终没有一位学生接受,就这样一晃十几年过去了,直到爷爷过世钱仍然放在信封里。

同样的事情在2017年又重演了,据爷爷的最后一位博士生胡范坤回忆。一次他到老师家中,老师取出一个信封并拿出其中的一摞钱说:"范坤,这是上次那本书学校给的3000元奖金,你帮忙统稿很辛苦,这些钱你拿走吧。"胡范坤当时很意外:"我就是跑跑腿,也有份儿啊?"爷爷把钱塞进他的手中说:"有付出就有回报,我不会让我的学生白忙。"几十年来类似这样的事情已经不知道发生了多少次。这就是我的爷爷,对学生他全身心的付出,给予了他们无微不至的关怀,同时也受到了学生们的崇敬和爱戴。

爷爷曾经说过一句话,很有哲思:"金钱就像诊断疾病的试纸,它能够衡量社会风气的好坏,显示人们心理的常态或病态。"

郑德荣教授与学生合影

1957年郑德荣教授与四子郑晓光(下)、五子郑晓亮(上)合影

20世纪90年代的郑德荣教授

晚年的郑德荣教授

言传身教培育"红色家风"

爷爷离世时居住的房子是 1990 年单位分配的,由于他曾经担任过学校的领导,所以按照相关规定学校分配给他的居所是当时只有校级领导才有资格入住的"校长楼"。时光流逝,曾经的"校长楼"经过岁月的洗礼早已风光不再,楼里面的住户换了一拨又一拨,楼房也逐渐老旧、破损,但是爷爷却始终住在里面直到生命的最后时刻。多年来,学校领导曾几次提出要为他更换一套条件更好、更舒适的住房,但是都被他一次次婉言谢绝了。是他不愿意住新房子,换新环境吗?

记得 2008 年,爷爷因病入院,为了让老人家出院后能够有一个相对舒适的居住环境,在经过他的允许后,我们对房子进行了修葺,刷了墙面,换掉了厨房、洗手间的旧瓷砖,即便是这样简单的改动,爷爷回家后还是很开心的。那么究竟原因何在呢?作为家人我们都能够或多或少地猜出一些,但具体原因他却从未当我们的面提及过,就算偶尔谈到也是轻描淡写,直至爷爷过世后答案才浮出水面,他早年的一位学生——东北师范大学人文学院的郭学贤老师在爷爷过世后曾撰写过一篇回忆录《小事映大爱》,在这份回忆录中提到了这件事,她当时问爷爷:"老师,对于您这样的大学者,现在的房子太旧、太小了。"爷爷笑着说:"房子小一样出学术成果,比起当年中央领导在延安住窑洞,咱这条件不是很好吗?"就是这样一个简短的回答却深深烙在她的心里，令她终生难忘。是啊！房子是否狭小，家具是否陈旧要看以什么样的视角来观察，如果以当代人的价值标准来评价、比较，自然是显得过于狭小、陈旧，但是他的思想境界却已经超脱了时代的束缚，以中共党史人特有的思维方式穿透历史的时空回到了延安时期，并时刻以老一辈无产阶级革命家为榜样在生活中严格要求自己，规范自己。像伟人那样生活和学习，正是爷爷这么多年来养成并一直遵守的生活准则。也正因为如此，他往往在不经意间的一句话、一个动作就能够感动身边的人，甚至在潜移默化间影响着他们的人生走向。

日常生活中的爷爷穿着十分朴素，他从未穿过什么名牌，通常一件衣服要反复穿上好多年，即便要添置新的衣物也不会去大商场，而是选择到综合市场去购买，主要是他觉得那里卖的衣服既便宜，又耐穿，他有几件质地比较好的外套，不过都是多少年来亲人出于生活需要买给他的，平时他就把这几件衣服挂在衣柜里，只有在出席正式场合时才会穿。对于那些旧衣服又如何摆放呢？用我的话讲就是"扒包袱"。过去的人居家有一种习惯，把家中包括衣服、裤子、枕巾、毛巾、背心以及舍不得扔的布头收拾起来，先找一块四四方方的包袱皮，把这些衣物一件一件整齐地折叠好再放在包袱皮上，摆放完再拿起包袱皮的四个角，打上两个节，最后把包袱皮头朝下地放在木质的旧式躺柜中，爷爷家

言传身教培育"红色家风"

里有多少这样的包袱皮呢？粗略地估算大概有几十个，就是这些在很多人看来不值钱的旧衣物两位老人积攒了一辈子，奶奶更是把它们视若珍宝，有时间就要翻一翻。所以我说爷爷家里有"两多"：一是书多；二是包袱皮多。这些包袱皮摆放在两个房间的四个旧木柜里，每一年到换季的时候爷爷或者奶奶都会给我打电话，让我过去"扒包袱"。所谓的"扒包袱"是我自己的说法，就是在几十个包袱皮中把应季的衣物翻找出来，大概的程序是奶奶坐在椅子上挑选包袱里的衣物，而我负责把包袱一个个地从柜子里拿出来，再打开，然后等奶奶看过后再重新包好放回柜子里，这个过程最快也要持续大半天，可以说这是一件非常考验人的体力与耐心的力气活与技术活。不过我扒出的几乎都是八九十年代，甚至更老款的衣裤，它们有的或被虫蛀，有的褪了颜色，但是在经过处理后依然还穿在二老的身上。每次选完换季的衣物后，奶奶都会把挑选出的爷爷要穿的几件衣物递给我，让我送去给爷爷看看，每当我把衣服拿到爷爷面前时，他都会停下手中的工作很认真地把衣服接过去，一件件地从上至下仔细打量一番，时不时还会上手抚摸几下，似乎在回忆着什么，这时给我的感觉是仿佛他见到的不是衣服而是多年的老朋友。大概这就是在历经岁月洗礼后，他心中深埋的一份情怀，对人对物挥之不去的一份情感吧！其实我长期患有很严重的鼻炎，这种病最怕灰尘，可是偏偏每次去"扒包袱"面对的环境都是"灰尘密布",就连口罩都挡不住,几乎没有一次不犯病的。即便如此我仍乐此不疲,不为别的,只是单纯地认为既然是爷爷、奶奶让我做的,那就是我应该做的,而且我也必须要把事情做好,这应该就是我们中国人所倡导的"孝"的一种具体体现吧。

当然,我所做的这么一点点相比较于我的父亲、叔叔、姑姑们还真的算不得什么,他们为二老付出的要比我多得多。现在回想起这件事对我的影响、触动是很深远的。在奶奶、爷爷相继过世后,我曾回到他们的故居,希望再看一眼那些旧衣服,缅怀过去的时光,可是当我打开一个个衣柜时才发现,原先里面装的包袱已经不见踪影,那一刻我的心一下子就空了,但是我并没有放弃,努力搜索着爷爷家的每一个角落,终于在一个立柜上面发现了仅存的两个包袱,我当时如获至宝般的用相机拍摄下来作为永久的纪念。是啊!一代人有一代人的活法,或许用"包袱皮"来承装衣物的年代已逐渐远去,但是老一辈厉行节约的精神却应永远存续下去,并不断激励改造着我们每一个人。尤其是对我而言,正是在年复一年"扒包袱"的过程中,爷爷、奶奶身上淡泊名利的品质,勤俭治家的做法如涓涓细流般沁入我的思想中,不断滋养、培育、改造着我的人生观、价值观,无形中时刻催我奋进,助我成长。

其实人往往把节俭与吝啬看作一对"孪生子",这是一个很大的错误。节俭是当用则用,当省则省;换言之,是用得适当。吝啬却是当用的不用,不当省的地方也省。老一代人的骨子里永远装着"勤俭"。

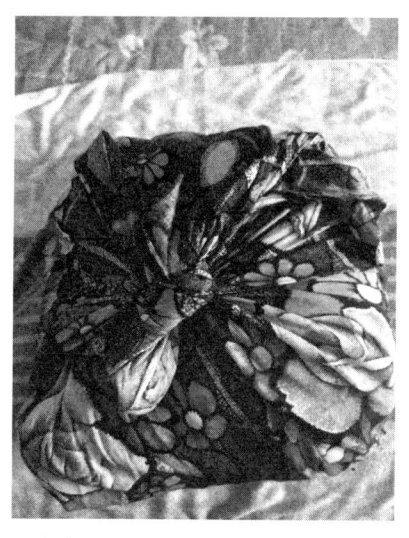

郑德荣教授夫妇用来装衣物的包袱

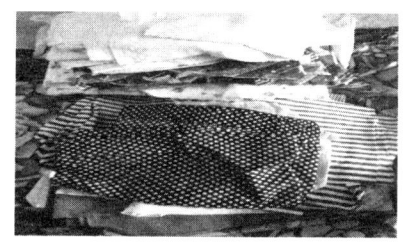

包袱内的衣物(一)

包袱内的衣物(二)

◎ 严于律己　公私分明

爷爷在东北师范大学工作了半个多世纪,曾历任教研室主任、系（院）主任、副校长等行政职务。晚年虽然离开了领导岗位，但是作为学校的荣誉（终身）教授、博士生导师，仍在学校有着一定的威望与影响力，但是不管是在领导岗位也好，一线教学岗位也罢，多年来他从未用组织赋予的权力或个人的影响力，为身边家人谋过私利。

爷爷担任副校长的时候，分管招生。一次，有关系户找上门来"公关"，想把一名不够分数线的学生招进来，被爷爷顶了回去："违背原则的事坚决不能办！"

给家里人"走后门"，在爷爷那里更是绝无可能。爷爷共有五个子女，都生活在长春，可是却没有一个人在东北师范大学任职，为什么会这样？是他们不想在东北师范大学工作吗？还是他们根本就没有条件留下？其实都不是。我的父亲和两位叔叔是20世纪80年代的大学毕业生，大学毕业后他们像其他学子一样面临着择业、就业的问题，那个年代国家正处于改革的起步阶段，各行各业都急需人才，大学毕业生是非常受重视的，再加上爷爷在东北师范大学担任副校长，只要他肯出面说句话，兄弟三人都有机会留在东北师范大学任教，可最终的结果却是无一人留校，之所以没能留下来，主要原因是爷爷不愿意开这个口，打这个招呼。我二叔郑晓光，本科就读于东北师范大学美术专业，毕业后直接找到了爷爷，明确提出希望能留校任教，可是就是这样一个看似并不难办到的事情却遭到了爷爷的严词拒绝,后来爷爷的一位同事知道这件事后主动找到二叔,表示他可以帮忙安排工作,而且不用爷爷亲自出面,当爷爷得知这件事后却对二叔说:"帮你安排工作归根究底还不是因为我在副校长的位置上,不然谁会帮你?对此事我坚决不同意"。就这样毕业后二叔被分配到了长春搪瓷厂做技工。

我大姑在双阳区人民医院工作,为了就近照顾老人,也为了给子女上学提供些便利,向爷爷提出调转到东北师范大学医院工作的请求,在当时来看这个要求并不算过分,可她得到的答复依然是否定的,而大姑也直到退休才回到爷爷、奶奶的身边。

1974年我父亲郑晓雷作为下乡知识青年返回长春,按相关规定组织给他分配到氧气厂上班,不过当时东北师范大学有政策每位职工可以安排一位子女进后勤工作,可是爷爷却对爸爸说:"晓雷,你已经成长起来了,既然组织让你去氧气厂那就去吧,在哪里都是干革命,而且你是大哥,要为几个弟弟、妹妹带好头。"就这样,爷爷把大儿子也送进了工厂。

我的老婶曾经是一位非常出色的会计师,20世纪80年代初期就已经凭借自己的努力通过了会计师考试,取得了会计师资格证,当时全省能拿到这个证书的相关从业人员可以说是寥寥无几,她为了有一个更理想、更稳定的工作平台,瞒着家里所有人报考了东北师范大学财务处，很快经过层层的考核、筛选，她的名字出现在拟录用人员的名单上，当学校的校委会在讨论这份名单时，爷爷在上面看到了老婶的名字，意外的同时他当即说明情况并表明自己的态度："对于此事，一是事先我不知道；二是我不赞同"。随即在他的建议下将老婶的名字从名单中划掉了。老婶知道此事后非常伤心，在家中痛哭了一场，只能选择去一家国有企业做了出纳员，可是没过几年企业不景气倒闭了，她至今也没有再参加工作。多年后，在一次家庭聚会中，爷爷还提到这件事，他说："我当时在那个位置上就要以身作则，你们作为后辈应该支持我、理解我。"就是这样的一句话，不仅从骨子里透出了爷爷对此事态度的坚决，同时也流露出他对家人的一份歉意与无奈，这就是当人性与党性发生矛盾时他作为一名共产党员、领导干部毅然决然的选择。或许在事情发生时有的家人对爷爷的做法表示不理解，甚至无法接受，但是随着岁月的流逝，他们也逐渐理解并对爷爷当初的做法表示赞同。几十年间家人们都在以自己的方式默默支持爷爷的工作，尽量不给爷爷增添麻烦与负担，同时家族中也立下这样一条不成文的规矩：凡是工作上的事都要自己想办法解决，凭能力、本事渡过难关，不要妄图通过爷爷走捷径。

做一名合格的共产党员、称职的领导干部，在利益面前，在私欲与公利发生矛盾的时候，要敢于学会拒绝，放弃了一次必须的拒绝，也许灵魂终生被人拿捏，坚持了一次正确的拒绝，也许后辈人会慢慢品味到品德带来的终生愉悦。

爷爷虽然在公事上始终秉持原则底线。但是只要是有益于党，有益于国家教育事业，即便是遭受非议与误解他也决不放弃、妥协。有一年高考，一名西藏自治区的考生在当地报考东北师范大学的学生中排名第一，但离分数线还差几分，当时国家有政策，对少数民族地区可以适当放宽。爷爷在会上主张录取："少数民族地区需要教师，如果不录取，今年西藏自治区就一个学生都没有了。咱们是师范院校，有义务帮国家培养师资力量。"最终，这名学生被录取。为这事，纪检部门曾来调查，但没发现有任何违法、违纪问题。此外，只要是他认为某位学生是可造之材，都会想办法把人留下来，为此不惜以个人名义去找校领导、院领导做工作。多年来，他为公太多，为私太少；为学生付出的太多，为家人付出的太少；我小姑就曾经当面对爷爷说过这样一句话："爸爸，您对学生比对我们家人还好。"可爷爷却说："对学生我是出于一颗公心，对你们完全是自己家的私事，做人必须要公私分明。"

郑德荣教授在全校大会上讲话

1986年郑德荣教授主持全校运动会

心无所碍，故能安身立命，境无所染，故能安居乐业。心中不掺私念，度身可消灾祸；心中不生邪念，度日可避是非。

爷爷的严格自律不仅体现在早期的为官为政上，更体现在为师为人上。他担任学校副校长期间为官两袖清风，很多人上门送礼都被他拒之门外。后来回归一线教学工作，作为一名博士生导师每年都要招收新生，每到逢年过节也都会有学生带着礼物来看望老师，学生拜访老师本是尊师重道的一种表现，无可厚非，但他却一遍遍地对学生们强调，人来心意到就可以，东西一概不收，有的学生以为老师只是说一说照样拿东西上门，结果走时发现东西都被放在了门外，并且爷爷还强调说下次再拿东西登门就不让进屋了。

说到这方面我有着切身体会，记得是在我大学读书期间，有一年临近教师节，寝室的同学们都在商量给老师送点什么，有说送花的，有说送水果的，还有的说送点营养品，我一时也拿不定主意只能低头沉思，突然一个"好点子"出现在我的脑海中，既然是过教师节，我们要去看老师，爷爷的学生不也一样吗？不如去爷爷家看看有什么是老人家用不上的，拿走两样应该没问题吧，对于这个想法我是越想越靠谱，越想越兴奋，按捺不住激动的心情披上外套就直奔爷爷家。

到了爷爷家以后，立即眉飞色舞地将自己的想法说给爷爷听，当时想法挺简单的，以为爷爷肯定会拿出几件像样的东西，然后对我说："大孙子喜欢什么自己选吧"，我再挑上几样。可是这一次却完全出乎我的意料，本来面容慈祥的爷爷突然严肃起来，双眉紧皱，眼睛也望向其他方向，当时我就有点蒙了，这是什么情况？可是话已经说出口收不回来了，只能静静地坐在一旁等待答复，大约过了半分钟，爷爷无奈地叹了口气，起身走向了北屋。爷爷家是由小四室组成的，南面三间从东向西分别是书房、次卧、主卧，北面一间平时用锁头锁起来，连我也没有进去过，总给人一种神秘感，没想到这次终于有机会可以一窥全豹，在爷爷拿钥匙开门时我还真有点小激动，可是当我看到屋里面的摆设后简直不敢相信自己的眼睛，没有想象中的窗明几净，更没有摆满林林总总的物品，有的只是老旧的书架，一个老式的立式旧衣柜——柜子上还贴着几十年前的粘贴画，以及两张桌面漆几乎都全部脱落的折叠圆桌，此外墙边还堆了像小山一样高的锅碗瓢盆、针头线脑之类的东西，总之，屋里的东西没有一样是新的。爷爷进屋后走到立在墙角的折叠圆桌前，伸手从角落里掏出一个落满灰尘的铁盒子，他先是用报纸擦了擦盒子上的灰尘，然后把盒子递给我说："凯旋，这可是一盒好茶啊，是前些年我外出参加会议时一位老朋友送给我的，我自己都没舍得喝，既然你需要就拿去吧。"坦白讲，当时我看到这盒茶叶真是很无奈，据我所知我的老师是不喝茶的，而且就一盒茶叶让我怎么送人呢？可是看着眼前的爷爷，我又能说什么呢？只好压制住内心的真实想法，装作很乖巧的样子接过茶叶，并对爷爷表示感谢。

  从爷爷家出来的我就像泄了气的皮球，心中满是失望与无奈，但路上转念一想，既然爷爷说这是好茶叶索性就当好茶叶送，一盒茶叶不够就再买点水果凑凑。心中一打定主意，萎靡的精神又再次振奋起来，回寝室后我又仔细端详了一遍茶叶的外包装，这是一盒都匀毛尖，看上去包装还算精美，密封得也很好，但是我注意到上面标注的保质期是18个月，再对照一下盒盖上的生产日期，才发现这盒"名茶"已经过期三年多了。为什么爷爷会给我一盒过期的茶叶呢？我可是他的亲孙子啊！现在回想起来可能是在情感上有点接受不了吧。

几年后，有一次我和爷爷的学生在一起吃饭，饭桌上我委婉地提出了心中的疑问，并问他逢年过节给老师送点什么，可是他的回答却让我有些意外，同时也打开了我的心结。他说："关于送礼的事老师给我们立了规矩，过年过节人可以来，饭和水果管够，但是东西不能拿，第一次拿东西来，人进来东西放门外，离开时带走；第二次再拿东西来，人和东西就都不要进门了。"听到他的这番话，我再联想到当时他听到我来意后的神情和态度，我突然明白了爷爷不是不想拿东西给我，是他真的拿不出来，无奈之下只能把家中唯一能想到的茶叶送给我，而且那盒茶叶是他的老朋友送的，他肯定是想收藏起来留作纪念的，所以递给我时才会不经意间流露出一丝不舍，可是我却没有体会到他的心情，甚至心中还有抱怨和不满。一转眼二十几年过去了，很多事情都已经被时间冲淡或者彻底遗忘，但是这件事却深深烙在我的心底，挥之不去。

古训说得好："国家根本在百姓，百姓安危在督抚，督抚廉则物阜民安，督抚贪则民穷财尽。"

爷爷在工作和生活中一向是公私分明，从不多贪多占公家的资源，记得爷爷曾经历过这样几件事。

第一件，1955年爷爷作为青年党员教师去陕西省西安北铜川进行外调，周日自费去大雁塔观光，因为大雁塔在郊区需要坐公交车前往，票价4分钱。按照当时的财务制度往返的公交车票据是可以拿回单位统一报销的，但是他却在乘坐完公交车后将票据撕毁了，用他自己的话说："那是我自己要去大雁塔参观，这不是办公，所以必须公私分明。"

第二件，爷爷刚参加工作时学校规定每位教师每月都可以领两本稿纸及简单的办公用品，为了方便随取随用他把这些物品放在了家里的书桌上。有一次爸爸写作要用草纸，就从爷爷的桌上随手拿走一张，后来爷爷发现了，狠狠地批评了爸爸，盛怒之下还打了爸爸两巴掌，用爷爷的话说："不为别的，因为这是公家发给我的办公用品，只能我办公用，家人一律不许用。"

第三件，爷爷参加工作初期，家里生活很拮据，吃不到什么有营养的东西，大人、孩子身体都很弱，经常生病。有的时候孩子感冒了,家里有感冒药也不能吃,需要再去医院开,为什么同样是感冒药却要舍近求远呢?爷爷的解释是:"家里的药是我用公费医疗开的,只能我自己吃,家人有需要可以再去外面买。"

20世纪60年代初,爷爷家的生活非常清苦,几个孩子常常吃不饱饭,当时东北师范大学设有对内食堂,职工拿着粮票可以在指定窗口打饭。有一天中午眼看着家里的存粮见底了,为了让孩子们能填饱肚子,爷爷让大姑拿着家里仅有的粮票去食堂打碗米饭,大姑拿着粮票来到食堂窗口,刚好负责打饭的师傅认识大姑,就特意关照多给打了半碗,大姑拿着米饭回到家后,将这件事告诉了爷爷,爷爷的第一反应却是让她立刻把多出来的饭送回去,并告诉大姑即便挨饿也不能多占公家的粮食,然后用余下的米饭熬了一锅稀粥给孩子们果腹,他和奶奶却在一旁看着孩子们吃完。

20世纪90年代,国家开始逐步实施医保制度,很多单位都进行了医保改革,在一段时间里东北师范大学的职工仍然可以去校医院开各类药品,年终再由学校统一报销。当时大多数的家庭生活都很拮据,又没有公费医疗,生病了需要自费购买药品,生活压力很大,于是有人做爷爷的工作,希望他去医院开药的时候多开几种出来,这样既不算公开违反规定,还可以节省各家买药的开销,但是爷爷又怎么会那样做呢?结果可想而知。后来东北师范大学也实施了医保制度，从他拿到医保卡的那一刻起就严格按照相关规定，从不把自己的医保卡借给家人使用，需要买什么药品基本上都是他自己去药房购买，即便是因为身体原因行动不便要人代买时，他也会在拿到药品后仔细地检查、核对相关单据，并一再嘱咐我们："医保卡是发给我个人使用的，其他人不许用里面的钱买药。"

2000年后，随着年龄的增长，爷爷、奶奶相继进入了耄耋之年，出门身体多有不便，爷爷是东北师范大学的老领导，按照相关规定出门单位是要派公车接送的，可是奶奶是小学老师退休没有享受到这个待遇，而且由于奶奶的晚年病患不断，经常往返于家和医院之间，交通成了难题。爷爷家住在长春市最为密集的街区，常年车辆拥堵，出门打车非常困难。春、夏季节还好，奶奶还可以勉强站在楼前等一等，但在入秋后，随着东北气温的不断回落，奶奶外出时穿的衣服也越来越多，负担也愈发沉重，特别是进入寒冬后陪伴的家人去路边打车，奶奶就站在一旁等待，常常一等就是半个多小时，时间一长，奶奶在寒风中冻得瑟瑟发抖，非常的辛苦，这种情况家人们看在眼里急在心头，一起商量过几次，希望能找到一个解决的办法。有一次家中的一位长辈提议说是否能够以爷爷的名义让东北师范大学出车，载着奶奶去医院看病，如此一来事情就解决了，可是爷爷给出的答复却是：

言传身教培育"红色家风"

"学校出车是照顾我,咱们家除了我以外任何人不能使用单位的公车。"为什么对此事爷爷的态度是如此坚决,是他不疼惜自己的老伴儿吗?两位老人共同度过了71个春秋,经过无数的风风雨雨,相互间早已经成为彼此的生活依靠与精神寄托,他这样做唯一的理由就是出于共产党人的一份无私情怀,这份情怀早已经深深地烙在他的心灵最深处,成为他为人处事无法逾越的原则与底线。

  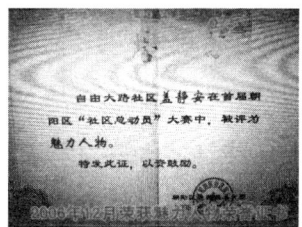
 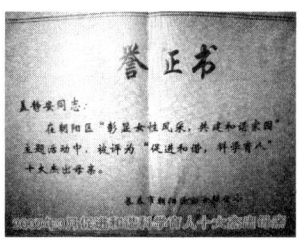

郑德荣夫妇获得的家庭荣誉

◎万年太久　只争朝夕

从我儿时起爷爷就是个"大忙人",天天早起晚睡,尤其是白天大部分时间都在做两件事,一是给学生上课;二是俯首案前,日复一日，几乎从未间断。在爷爷的心里就从来没有双休日、节假日的概念，除了要维持最基本的生活需要外，他把自己的时间几乎都用在了钻研业务上，生怕浪费一分一秒的时光，爷爷常说："浪费时间就等于空耗生命。对知识，贪婪是一种优点；对时间，吝啬就是一种美德。时间既有限又无限，我期待你们把它浓缩了，千万不能稀释它。"在惜时方面爷爷就是我们生命的闹钟。

春节是我们中华民族的传统节日，通常在春节放假期间大多数人都会放下手中的工作陪伴在家人身边，可是爷爷却从未因为节日的到来而丝毫放松对自己的要求。我们家族有一个延续了几十年的传统，就是每年的大年夜家庭成员们都会自觉地聚拢在爷爷家，陪爷爷、奶奶一起过年，本来考虑到家族成员人数太多，房子又太小，早些年也有人提议过大年夜应去外面聚餐，可是爷爷却说："平时也就算了，但春节一定要在家里一起过，不然家的味道就淡了。"我一般是大年三十的下午过去，每当我走进爷爷家，一种过年的温馨氛围都会萦绕在身畔，姑姑、婶婶们来回穿梭在厨房和客厅之间烹饪美味的晚餐，不时传来锅碗瓢盆的碰撞声；爸爸、叔叔们在里屋谈天说地，时不时还能听到他们爽朗的笑声；孩子们穿梭在狭小的空间里乐此不疲。此时只有爷爷的书房是紧闭着的，家中所有人都知道他正在里面工作，也都很自觉地不去影响、打扰他，直到丰盛的酒菜纷纷上桌，即将开席时

言传身教培育"红色家风"

爷爷才会从书房里出来，与家人们一起共享年夜饭。而几乎每一年在饭桌上爷爷都会语重心长地叮嘱、教导我要利用一切时间，刻苦学习，决不能荒废光阴。记得有一次他是这样对我讲的："凯旋，你作为一名青年学者、老师要珍惜每一寸时光，虽然过年了，但是也不能随意放纵自己，要抓紧时间读书学习，只有这样今后才会有所成就、有所作为。"接下来他还举例说："你看前楼的陈光（化名）老师，过年、过节哪里都不去，就把自己关在书房里，现在才四十多岁，已经是教授、博士生导师了，你要向人家学习、看齐啊。"再苦的岁月，成长不苦，再累的季节，收获不累；人生，只有把自己植根在信念里，才会在艰难的追求中品尝到事业的甘甜。

爷爷从参加工作开始就像个陀螺一样高速地旋转，白天上课、外出参会、培训学习，晚上备课、读书、撰写稿件，青年时代的他几乎每天都要工作到下半夜两三点钟，第二天天还没亮又起床了，平均一天睡眠不足五个小时，但是他仿佛从来不知疲倦似的，到了晚年仍能保持着高昂的工作热情，他对事业的这份执着与热爱，深深地感染并潜移默化地影响着每一位家人。

20世纪80年代初，他被组织抽调到刚刚成立的中央党史研究室工作①，他从1980年到1983年，整整3年都在北京工作，

---

① 注：关于借调中央党史研究室的情况后文会有专门介绍。

由于工作任务十分繁重，他一年最多也只能回家一次，由于长时间无法相见，家人们也都非常惦念他。1981年秋天，二叔去南方实习，中途在北京停留一天去看望爷爷，他按照爷爷给的地址找到了位于海淀区大有庄100号的中共中央党史研究室，在经过门卫的通报后，有工作人员出来接待二叔并带他走进一栋四层小楼的会客室，并对二叔说爷爷还在工作，让他等一等。就这样二叔从上午8点一直等到中午爷爷也没有出现，还是那位工作人员过来让二叔先去吃个饭下午再过来，下午1点二叔又回到了那间会客室，终于在接近4点的时候爷爷出现了。据二叔回忆，当时的爷爷穿着一身中山服，虽然衣着很整洁，但是脸色蜡黄，一脸疲态与焦虑，看得出是经常熬夜以及工作压力过大导致的。二叔刚向爷爷说完家中的近况，还未来得及多说上几句，就有人通知爷爷去开会，爷爷匆匆离开了，整个见面过程还不到10分钟。二叔说他当时能感觉到爷爷那种焦虑和急不可待的心情，他根本就没有时间和精力去考虑工作以外的事情。本来爷爷的意思是让二叔在楼里住上一宿，第二天再走，可是二叔怕他留下会影响到爷爷的工作，下午5点就直奔火车站了，这是他们父子一年内见过的唯一一面。

2019年，我有幸与吉林卫视《回家》栏目组赶赴北京，去亲身感受爷爷的足迹。经过几番周折终于找到位于北京市海淀区

言传身教培育"红色家风"

大有庄100号的中共中央党校研究生院（原中共中央党史研究室所在地）。1981—1983年，爷爷曾经生活、战斗过的地方，经过反复的沟通，终于在工作人员的带领下我们一行人走进了院落。走过一座座错落有致的院落，抚摸着红色的砖墙，我仿佛看到了爷爷穿梭忙碌的身影，亲身感受到了老一辈党史学者的红色情怀，此时爷爷曾经的话语在我耳边响起："那个时候我夜以继日地工作，根本没有丝毫的空闲时间，累了倒在硬板床上睡一会儿，睡醒后继续工作，饿了错过饭点就喝点白开水顶一顶……有时需要去档案馆查找相关资料，我就一家一家找过去，那个时候国家有六个大的档案馆，我走了四个。很多档案只能看，不能复印，我就手抄下来。有的不允许抄，我就记在脑子里，那段日子是我人生中最忙碌也是最充实的时光。"虽然因为装修的原因未能走进当时爷爷工作过的81号楼内，但是经工作人员联系很荣幸地拜访了曾与爷爷一起工作过的原中共中央党史研究室一部刘振起研究员。沉浸在对过往的回忆中，刘振起研究员不禁感慨万千。尤其是提及爷爷，他印象颇深，对爷爷高尚的道德情操、认真务实的工作态度赞不绝口。在他的口中亲切地称呼爷爷为"老大哥"。通过刘振起研究员的介绍，对于爷爷当时的工作状态、生活环境都有了一定的了解。经过这番走访，让我身体内的红色血脉又浓郁了一分，对未来的人生有了更加明确的规划。我要沿着爷爷未竟之业继续前行。

  2018 年 12 月，我有幸以"改革先锋"郑德荣家属的身份再一次赴京参加了庆祝改革开放 40 周年大会。当得知我要代表爷爷去北京亲身参与这场盛典时内心的激动无法用言语表达，我为自己能有这样的机会感到由衷的兴奋，我为自己是郑德荣的孙子感到无比骄傲和自豪。到达北京后，我与其他"改革先锋"及家属、陪同人员一样被安排进了位于西直门的国二招宾馆，刚踏进宾馆，一股喜庆的气息迎面而来，宽敞的酒店大堂里，铺着崭新的大红地毯，到处都摆满了花篮，工作人员在不停地穿梭忙碌着，我在迎宾小姐的引领下顺利办完了入住手续，住进了整洁明亮的房间。接下来的几天，我将以郑德荣家属的身份参与庆祝改革开放 40 周年系列活动。酒店的时光过得飞快，晚餐时间到了，在餐厅里我见到了一张张熟悉的面孔，也有很多当时我叫不上名字的先进典型。他们都是各行各业的先锋、脊梁，改革开放以来正是有了千千万万像他们一样的人在各自的领域几十年如一日，辛勤耕耘、无私奉献，今天国家才会繁荣富强，我们的生活才会和谐幸福，而爷爷就是他们中的一员。每次饭后我都会走上前去，与他们中的一两位交谈合影并表达自己发自内心的崇敬之情。经过几天时间的准备，12 月 18 日终于到来了。一大早我们出发前往人民大会堂，雄伟的人民大会堂是那么的庄严肃穆，第一次身临其境与平时电视里看到的感觉截然不同,坐在指定位子上仿佛自己已经融入其中,如梦如幻,毕竟这里是爷爷与我心中的圣地。

作者在北京国二招宾馆

一切都进行得那么顺利,两个多小时转瞬即逝,很快在高昂的乐曲中会议宣告结束。在返程的途中,千般滋味涌上我的心头,爷爷把他的一生献给了党,献给了他热爱的教育事业,在他过世后党和国家给予了他如此高的荣誉,而这一份份荣誉的背后是对他最大的认同与肯定,荣誉就像河流,轻浮的和空虚的荣誉总是浮在河面上,而沉重的和厚实的荣誉则沉在河底里。爷爷的荣誉是他一生执着奋斗得来的。

我的爷爷郑德荣 <<<

作者在东北师范大学"郑德荣先进事迹展馆"

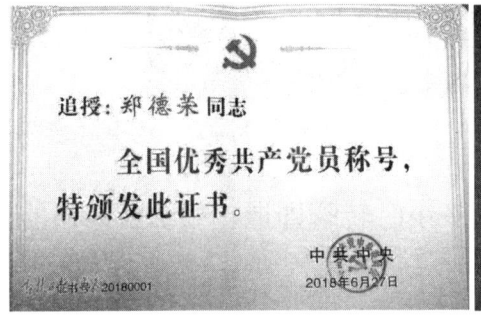 

郑德荣教授的全国优秀共产党员证书及奖章

郑德荣教授荣获"改革先锋"称号并颁授改革先锋奖章

言传身教培育"红色家风"

郑德荣教授荣获"最美奋斗者"称号

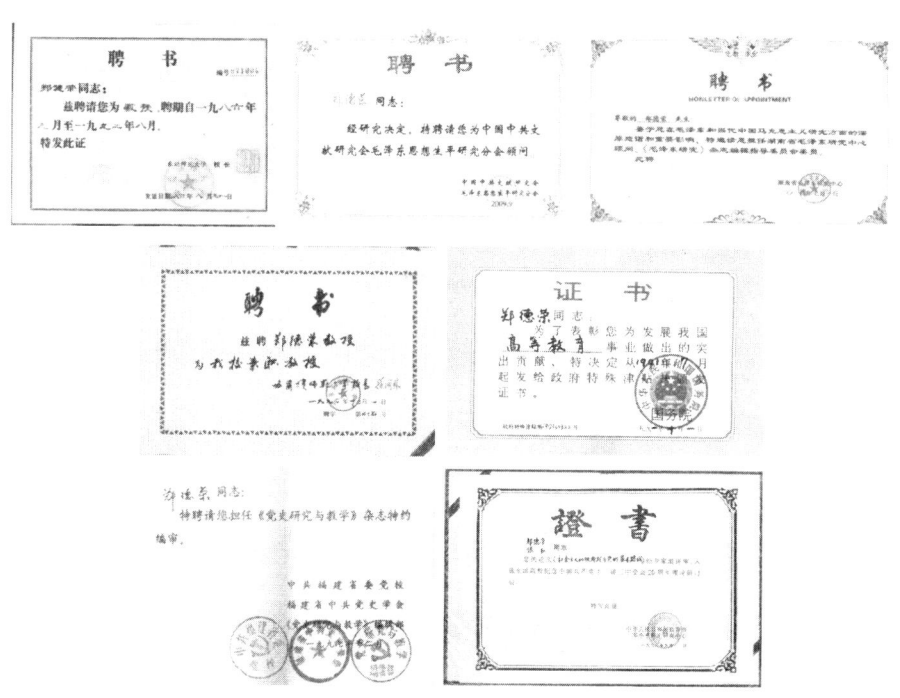

郑德荣教授的聘书（证书）

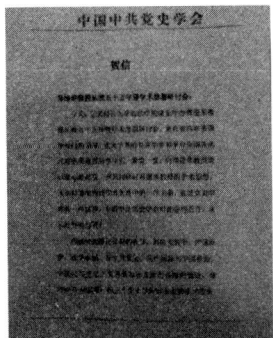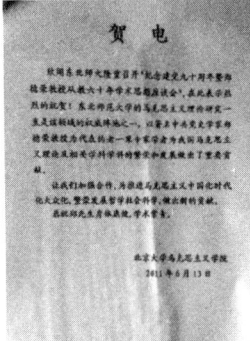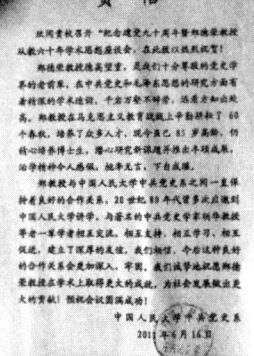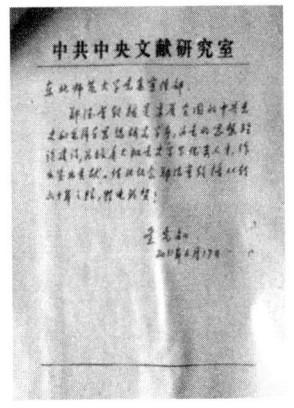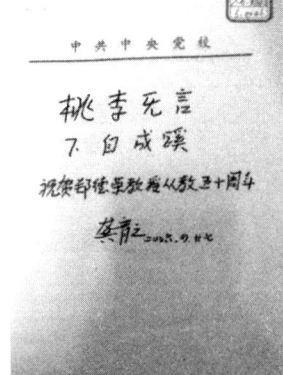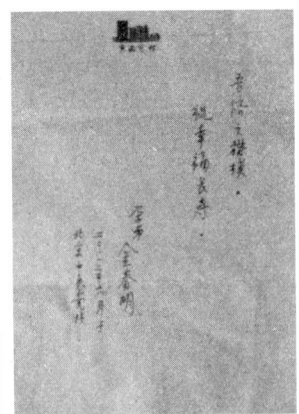

郑德荣教授学术思想研讨会的贺信、祝词（部分）

20世纪90年代工作中的郑德荣教授

晚年正在读书的郑德荣教授

进入晚年后,爷爷的生活非常有规律性,而且爷爷的自律性也特别强。他早上5点起床、洗漱;6点去附近的南湖公园散步,往返9000步,一个小时;7点回到家中;8点半学生登门,开始授课;11点半学生离开后,爷爷吃过午饭休息一会儿;下午两点又会有下一批学生登门;5点送走了第二批学生,爷爷先要阅读当天的报纸,然后进晚餐;晚上7点整他坐在电视机前观看《新闻联播》;7点半看完《新闻联播》爷爷就会坐回到他的书桌前,打开台灯,戴起老花镜,又开始了新一轮的读书学习直至深夜。这就是一位70岁、80岁、90岁老人的日常时刻表。这样的作息时间爷爷一坚持就是几十年,除了生病、外出参会等特殊情况从未有过大的改变。

其实就是这样一份看似简单的时间表里面却包含着种种"玄机",有些工作、生活细节只有他身边的人才会了解。每天早上他起床洗漱后总是会坐回到书桌前,再工作半小时,在这半小时里他一般都是在审阅学生前一天交给他的论文稿件。早上6点出门后虽然他人在外面散步,但是头脑中所思所想的却是刚刚读过稿件里的内容,并仔细推敲思考着其中的每一个问题,有时个别问题想不通他还会与陪伴在身边的家人进行探讨,直到想出令自己满意的结论为止。这些年来,爷爷养成了思考的习惯,他觉得学习离不开思考,思考也离不开学习,二者相辅相成,不学习,思考就会局限在一定范围内而不能开阔和升华，不思考，学习就会人云亦云，跟在别人屁股后面而不能自立。7点他回到家中的第一件事并不是吃早餐，而是拿起电话打给他的学生，他的学生也会提前吃完早餐，在约定的时间打开电脑静候老师的电话，在电话中爷爷会将早上散步时思考的问题通过电话跟学生进行交流，学生将老师的观点充实进文稿内。

邱潇博士谈及此事笑言："时间一长，我们的作息习惯都随他了。""那时，几乎每天早晨7点左右，我的电话都会响起，里面传来老师浑厚的声音：'占仁，这篇文章我又有了新的思路……'后来从师母那里得知老师早上睡不着觉，经常4点多钟就起来，琢磨我的文章。"已身居东北师范大学副校长的王占仁教授回忆道。8点半学生会拿着刚刚修改过并打印出来的论文稿件来到老师家中，师生对稿件的内容进一步修改，就这样辅导教学从8点半到11点半，中间根本没有休息时间，在这三个小时里家里能听到的只有师生之间一问一答的对话声，但这里的一问一答并不仅仅只局限于学生问老师答，而是建立在完全平等的学术探讨基础上，我作为爷爷的半个学生对这一点也是深有体会，当一个学术问题出现时，爷爷会先说出自己的看法，然后再让学生提出他的意见，听过学生的观点后他会采纳其中的正确部分，如果他认为学生是正确的还会更正自己的观点。

有人曾经问过我为什么你的爷爷那么大年纪在学术的道路上仍能够实现与时俱进？我的回答就是：第一，这得益于他多年养成的习惯，他读书通常只读第一手文献，如国家领导人的历次重大讲话，十八大、十九大报告等，这让他能够在最短的时间里了解最前沿、最核心的内容，这样做可以节省大量的时间与精力。第二，是他开放性的思维，他在学术方面从不故步自封，为了能够获得更多的科研资讯，他要求学生要瞄准学术前沿，并在与学生沟通的过程中吸收养分，与学生共享学习成果。第三，得益于他深厚的学术素养，经过长年累月的刻苦钻研，他对专业问题可谓信手拈来，即便是在别人看来最生涩、最复杂的学术难题，在他那里都能得到全面而又系统的解读。爷爷解读问题有一个特点，往往一个问题要回答上几遍，但是一遍比一遍清晰，一遍比一遍完整。

在经过短暂的午休后，两点又有学生登门了，爷爷作为博士生导师每年都要招收新生，而针对每一届招收学生的学术根基、研究内容的不同他都会轮流辅导，因材施教，而且每周至少都要辅导两次，其实不仅是每天的上下午，就连周六、周日也是一样，可以说给学生们上课占据了他日常的大部分时间。爷爷家里常年订购《人民日报》《光明日报》《吉林日报》《新文化报》等各种报纸，下午学生走后他都会花费半个小时的时间把当天所有的报纸阅读一遍才会吃饭。每天晚上7点他都会雷打不动地坐在电视机前观看《新闻联播》及《焦点访谈》,爷爷书房的电视只会停留在一个频道:中央一台。记得有一年的五一我到爷爷家去过节,正赶上爷爷午休,我在书房里坐着,感觉有些无聊,就想打开电视机看看,开机后电视机里显示的是中央一台,我当时想调台就开始找遥控器,可是找了半天也没有找到,就问身边的老叔,老叔说他也没见过,并提醒我说尽量不要调台,晚上你爷爷还要看《新闻联播》呢,我这才放弃调台的想法。每天观看《新闻联播》看似一件很普通的事,其实是需要很大的毅力,即便是我及身边很多同龄人都做不到,可是他却能够一坚持就是几十年,在生病住院期间也不曾中断。正如爷爷常说的一句话:"如果不勤奋,理想就是一句空话。"

郑德荣教授与小儿子郑晓亮在长春南湖公园合影

从事老师这份职业，尤其是高校老师有其特殊性，不仅有寒暑假，平时学校没课的时候也不用"坐班"，在这个过程中身边不会有人在一旁监督你、鞭策你，所有的学术成果基本上都是靠自律来完成，尤其是爷爷从1986年离开领导岗位后的大多数时间都是在家中度过的。三十多年间，他每年都要坚持发表几篇甚至十几篇学术论文，完成1—2部学术著作，积极申报、立项、结项各级（各类）课题，培养1—2名博士研究生……爷爷不止一次地教导我：人要想干一番事业，第一要有眼力，第二要有能力，第三要有毅力。更重要的是还得有魄力。在心量方面，要有涵容异己的胸怀；在做人方面，要有谦和明理的美德；在做事方面，要有舍我其谁的勇气。爷爷这棵榜样的大树在我成长的心灵中永远苍翠欲滴。

◎生命不息　奋斗不止

爷爷从教67年，67年间他从未有一丝一毫放松对自己的要求，全身心地投入到他所热爱的科研、教育事业中，即便晚年的他身体出现种种状况，仍然一边与病魔抗争，一边在加班加点地工作，争分夺秒地与时间进行着赛跑，直到生命的最后时刻。

1999年，爷爷73岁，那年他书房里灯泡的灯丝突然烧坏了，为了不影响工作，他先是下楼买了一个新灯泡，然后搬来凳子踩在上面安装灯泡，可在这个过程中，却出了意外。他从凳子上摔了下来，左胳膊就不能动了，当时他正在赶写一篇很重要的稿件，怕去大医院看病排队耽误时间，就去了附近一家骨科诊所简单处理了一下，本以为养一养就没事了，可没想到的是几天过去了摔伤处不见好转，后来去医院被确诊为骨头错位，需要重新复位，无奈之下只能重新接骨。二次接骨后再去拍片仍是骨位不正，大夫说还要再次接受复位治疗，就这样来回折腾了好几次，由于每次正骨都要将已经长好的骨头再重新弄脱臼，因此每经历一次复位矫正爷爷都要忍受巨大的痛苦，豆大的汗珠从他的额头上滑落，可是他始终都是咬着牙挺着，哼都不哼一声，大夫曾提议一般这种情况都要打麻药，可是却被他拒绝了，理由是使用麻药会影响大脑的正常思考，就无法正常从事教学科研工作。骨头可以摔折，因为上了年纪的人骨质疏松；教书育人的责任不能摔折，追求理想的信念不能摔折。在长达几个月的治疗过程中，除了去医院接受必要的检查治疗，他没有耽误一天工作，家里人也都劝他这种情况应该休息一下，可是他的回答却是："不行啊，手头还有重要的工作，耽误不得。"

2001年7月，纪念建党80周年。爷爷作为省委理论宣讲团成员，辗转六个县市、连续宣讲十二场。台上，75岁的他声如洪钟、神情激昂，讲得振奋人心。然而，很少有人知道他患有冠心病和糖尿病。"都这么大年纪了，身体咋受得了？"好心人劝他歇一歇。

"我这一上讲台啊,就什么都忘了。只要还能动,就一定要参加!"炎炎夏日,看着他这样奔波劳碌,家人们都劝他别再接受宣讲任务了,孰料爷爷的回答却是:"这正是党和国家需要我的时候,也是党史专业知识发挥作用的时候,怎么能推脱呢!"2009年,84岁的他不顾年迈的身体,不远千里奔赴绍兴文理学院讲学,在风则江大讲堂上做了题为《中国历史的伟大新纪元——纪念中华人民共和国诞辰60周年》的专题讲座。他以严谨的学术态度,广博的专业学识,获得全校师生的一致赞誉。2017年10月25日,党的十九大胜利闭幕的第二天,爷爷就给学校主管党务宣传的王延书记去了电话,电话内容就一条:如何更快、更好地宣传党的十九大精神的核心要义,并主动请缨为全校师生做宣讲报告。"言语中充满了振奋、激动和喜悦,完全不像一位九十多岁的老人",王延书记回忆说。"我被他征服了!"东北师范大学化学学院2014级本科生孙玉(化名),一直对党史感兴趣。2016年她在听过爷爷的讲座后,被深深打动,铁了心要转专业。现在,她已被保送学校思想政治教育研究中心,开启研究生学业。

"是什么让您毕生求索、沉浸于党史研究?"曾有人好奇地问爷爷。"工作需要,就是我的志向。做什么爱什么,干什么学什么,全心全意为人民服务,个人利益服从国家利益,是铭刻在心的信条。"这就是他的回答。

言传身教培育"红色家风"

2009年郑德荣教授赴绍兴主讲"风则江大讲堂"

2010年郑德荣教授应邀前往吉林省委党校讲学

2012年爷爷身体突发不适，经过医院检查确诊为肠癌，但是出于对爷爷的关心与爱护，家人们并没有告诉爷爷实情，只是对他说患的是肠梗阻，要接受手术治疗，但是在是否要动手术的问题上家人们都犹豫了，毕竟爷爷已经是86岁的老人，上手术台是存在风险的，最后家人们决定还是听爷爷自己的意见，他的原话是："这样一场手术无非就像女同志剖宫产一样在肚子上开一刀，连她们都受得了，更何况我是个男人！"生病本是生活里的一部分，是生命的一种体验。智者都是在一次次生命的重创与濒临死亡的绝境之后茅塞顿开。就这样，爷爷被推上了手术台，手术进行得很顺利，家人们都长长地松了口气，可是手术过后的第三天爷爷又给家人们出了个难题，他说："天天让我在病床上躺着，不是吃药就是睡觉，我的脑袋都空了，需要精神食粮，给我拿几本书来。"家里人都劝他刚刚动完手术应该多注意休息不能太劳神，可是在他的强烈要求下，家人们也都没办法，只好让我回家取书，我清楚地记得当时共取了两本书，一本是《邓小平时代》，另一本是《毛泽东年谱》，爷爷拿到书后心情才有所缓解。爷爷刀口愈合后就出院回家休养了，不过由于他患有非常严重的糖尿病导致刀口再次化脓，而且情况越来越严重，医生叮嘱爷爷每周必须保证两次到医院换药，由于换药需要拆线和缝合刀口，过程是非常烦琐和痛苦的，所以医生建议每次换药都要局部麻醉，不过爷爷拒绝了医生的建议，至于原因与1999年那次是一样的，怕影响大脑思考。经过反复换药历时半年多的时间刀口才再次长好，很难想象爷爷是怎样挺过来的，在他看来只要能继续工作下去，即便受再多的苦，遭再多的罪都是值得的。能够忍受痛苦的生命，是顽强的生命，能够战胜痛苦的生命，是瑰丽的生命，能够超越痛苦的生命，是闪光的生命。爷爷生命的极致，一定是站在了党史学的最高处。

年逾八旬的郑德荣教授在辅导学生

党的十九大胜利闭幕后，爷爷的身体一日不如一日，癌细胞正在扩散，即便是这样他仍然坚持工作，并主动请缨加入宣讲团，战斗在宣讲的第一线，从那以后老人家不顾身体的种种不适，早起晚睡准备十九大的宣讲稿，经过半个多月精心的备课，他终于完成了稿件。随后他立刻联系学校去各个学院进行十九大精神宣讲，每一次他面对学生时看上去都是那么神采奕奕、精神矍铄，可是一下课回到家中连走上几步路都十分困难，很难想象几十场授课他是如何坚持下来的。鉴于爷爷的身体状况,每次他外出讲课身边都要有学生或者家人陪伴,有一次我陪爷爷坐车去东北师范大学净月校区授课,在车上他还拿着稿件看,而且边看手还在发抖,看得出来有点紧张,我当时觉得有点奇怪,就问爷爷:"您都教课这么多年了,怎么还会紧张呢?"他是这样讲的:"以前年轻脑子好用记得住,现在年纪大了记不住了。"后来爷爷给学生们授课我就坐在后面,当讲到一多半的时候老人家突然忘词了,无奈之下只能低头去翻讲稿,下面坐的学生们开始交头接耳骚动起来,看到这一幕我觉得有些心酸,谁能知道,一位九十多岁身患癌症的老人是用怎样的毅力支持着病体在为学生们授课呀?

从2018年年初开始,随着病情的持续恶化,爷爷的身体已经日渐衰弱,受到癌细胞的吞噬,他的双肺机能也已逐步丧失。白天他仍强忍着疼痛坚持工作,有时疼得实在受不了了就吃几粒止痛片,几乎每天

郑德荣教授抱病为本科生授课

夜里都不能安寝。睡觉时,他时常右侧翻躺,并用右手压住肺部减轻疼痛,以致一宿下来右手已经被压得浮肿,全身的衣裤都被

言传身教培育"红色家风"

郑德荣教授抱病为学生讲授十九大精神

汗水浸透了。尽管受到病痛的折磨,他在家人、学生面前吭都不吭一声,始终在用他超人的意志力与病魔做着抗争。在他生病期间,一位毕业多年在外地工作的学生专程赶回长春看望老师,直到这时他才说出了自己真实的感受:"怎么这么疼啊,从来没有这样过,这疼得就像……肋骨断了一样。"当时家人们就站在书房外,当听到老人家说这句话时很多人都落泪了。爷爷是一个视事业、信仰高于一切的人,即便是在人生的最后阶段也从未放下手中的工作。

2018年是马克思200周年诞辰,3月份中宣部等八部委联合下发了一个征文通知,当他得知这个消息后不顾病情立即投入到了文稿的写作当中,并且先后完成了8页手稿,然后将手稿交给学生进行进一步的整理补充,4月中旬由于病情进一步恶化,他被迫从家中搬去医院接受治疗,4月下旬稿件整理完成,此时爷爷虽然没有丧失意识,但是也只能靠吸氧来延续生命,他要求学生把稿件拿来再让他审阅一遍,学生来到老师的病榻前把上万字的文稿从头至尾读了一遍,学生读完以后,含着泪问老师的修改意见。他抬起手来用尽力气拔掉氧气管,断断续续地说出了几个字："要分段，要有条理。"这就是一位在教育战线耕耘了67年的老教师，在人生的最后阶段也是最后一次辅导他的学生，当时在场的人都被这一幕深深地感染了。生命重于泰山，但是爷爷蕴藏和充溢在生命中的思想和精神比泰山还重，这是爷爷留给我的一座光芒四射的做人丰碑。

2018年5月初，东北师范大学得到了中宣部的回函，爷爷撰写的《马克思主义中国化的历史进程、主要成果和宝贵经验》已凭文入选，被邀请参加在北京京西宾馆召开的"纪念马克思200周年诞辰理论研讨会"，随后出席在人民大会堂举办的"纪念马克思200周年诞辰大会"。学生立即将这个好消息告诉了他，并对他说："老师，您快点好起来吧，只要您好起来我们就是推也把您推到北京去。"爷爷听到这一消息后十分兴奋，当即表示想要坐起来，学生走到了床尾将病床缓缓地摇了起来，他调整了半天才勉强坐住，可是接下来他又表示要站起来，这下在场的人都犯难了，要知道此时他的病情已经到了无法挽救的程度，为了减轻疼痛，医生用了最强效的麻醉贴粘贴在他的前胸后背，麻痹了他全身的神经。可以说他这时的身体几乎已经失去知觉，平时想移动一下身子，甚至动动手脚都费力，能坐起来几乎是他能做到的极限，怎么可能站起来呢？不过学生还是满足了他的要求，他用双手交叉拤住学生的脖子，学生用手扶住他的后背，就这样一点一点地起身,这个过程大概持续了近20分钟,最后他凭借着自己强大的意志力还是站了起来,整整6秒……真的难以相信,一位93岁高龄且卧床几个月的老人在弥留之际还能做到这一点。通知上要求5月3日报道,5月4日至5月6日参会,可是爷爷却在5月3日早上7点12分离世……遥想1964年他也曾作为吉林省高校政治理论公共课的唯一代表参加了一场在北京召开的盛会,并在会上受到了毛泽东、周恩来等党和国家领导人的表彰和接见,在时隔54年之后,在历史即将重演之际,他却永远地离开了我们,家人们都为此感到惋惜与遗憾,但是他已经用自己的实际行动,用67年来的每一分每一秒为自己的人生画上了一个圆满的句号。爷爷,您把信念作为人生的支点,把精神作为生命的支柱;生前,您活出了真正的质量,死后,我们称出了您无尽的重量。

郑德荣教授作为吉林省唯一代表参加全国政治理论课教师代表大会

郑德荣教授参加吉林省庆祝中国共产党成立90周年大会

郑德荣教授在从教55年学术思想研讨会上发言

郑德荣教授抱病主持申报的国家课题申请书

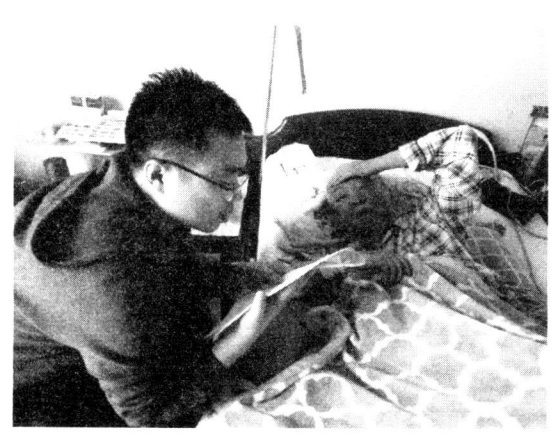

学生正在给病榻上的老师阅读文稿

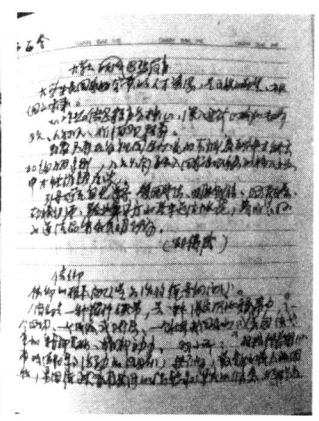

郑德荣教授生前手稿

◎ 成果丰硕　业绩斐然

爷爷在学术界享有很高的盛誉，与他早年参与一系列党史教材的编撰有着直接的关系，而主持、参与这些教材的编撰工作对爷爷后来的学术事业也起到了重要的奠基作用。据爷爷回忆，从20世纪70年代末到20世纪80年代初，他作为新中国培养出的第一批中共党史专家，有幸参与了多种高校文科教材的编写工作，用爷爷的话说，那段日子他总共干了四件大事（以第一人称叙述）：

第一件大事：主编的《中国共产党历史讲义》被教育部认定为全国高校文科通用教材。此事对我而言是改革开放后第一件可贵的事，也是在全国比较有影响的一件事。"四人帮"被彻底粉碎后，为了应对接踵而来的恢复高考及新生教学的需要，我主编了《中国共产党历史讲义》。当时高校生的教材一般都叫讲义，由于之前高校的文科教材在政治立场、方向等方面都存在不同程度的问题，高校急需一本以历史唯物主义的观点和辩证方法实事求是地写出具有科学性、思想性的课本，为了满足这一需要，东北师范大学组织了几位老师编写这本《中国共产党历史讲义》，由我担任主编。经过紧张的编写，在这本书问世后，得到了高校师生的高度认同。1979年夏，教育部在武汉召开了政治理论教材评审会，目的是在已出版的教材中选出一本全国高校文科通用教材。我也受到了邀请，于是我就带着这本《中国共产党历史讲义》出席了这次会议。当时共有 17 本书参评，后来经过大会严格的评审，我的这本书被评为全国高校文科通用教材。就这样这本书持续发行了十四五年的时间，先后出了 5 版，每两三年就要根据当前的政治形势重新进行补充、修订，共发行了百万余册，在全国高校产生了广泛的影响。《中国共产党历史讲义》这本书，也就成为我步入全国学术界的一个起点，为以后活跃在全国高校届和学术界奠定了基础，创造了条件。现在包括党的高级干部在内的各条战线很多人都在高校学习时读过这本书。这本书为培养改革开放时期党的领导干部和高校党史教学工作者提供了很好的理论支撑。

第二件大事：负责《中国共产党历史教学大纲》（简称《大纲》）的编写工作。1979 年教育部组织相关专家、学者统编全国高校教育大纲，由于我之前编写了《中国共产党历史讲义》，教育部门领导就点名让我参与了教学大纲的编写工作，当时整个编写组共由 8 人组成，我除了负责编写一部分书稿外，还是两名统稿、定稿人之一。《大纲》的编写工作，是在教育部政教

《中国共产党历史讲义》（1980）

司主持下进行的，编写过程中每一个参与者都很辛苦，工作节奏也很紧凑。大概每隔一个月左右编写组都要在北京开一次碰头会，在会上针对书稿的内容进行集体分工、讨论、修改，然后再返回各自单位继续完成任务，循环往复，大概一年左右的时间大纲基本完成。因为这是由教育部直接组织编写的教学大纲，所以直接下文要求全国高校都要以这个《大纲》为准则，另外编写教材也要严格按照《大纲》来执行，可以说这个《大纲》是教育部对高校教学的一种法定规范。在这种情况下，《大纲》具有相当的权威性，而我作为大纲的负责人之一，个人影响力也在不断扩大。《大纲》编写完成后，为了在全国范围内进一步贯彻《大纲》的内容，教育部分别在上海和哈尔滨召开了两次教材建设会议，我参加了在哈尔滨召开的"北方十七省教材建设会议"。1980年的夏天，会议如期举行，会议规模很大，级别也很高，除了各高校代表外，教育部（原国家教委）的相关领导也出席了会议。在这次会议上，我被指定做了《以历史唯物主义的观点，构建中共党史教材体系》的大会报告，主要讲了三个问题。一是如何将现在编写的教材与之前受到"左"的影响编写的教材区分开；二是要力求纠正对历史人物的错误过于追求个人责任，忽视分析错误产生的社会历史根源和思想根源；三是对于党的各个历史时期及各个时期的历史，分析评价如何才能真正做到客观公正。在当时来看，这个报告是非常成功的，既有较强的现实性，又有相当的学术性，得到了与会人员的一致认同与好评。

《中国共产党历史教学大纲（试用本）》（1980）

第三件大事：负责统编《中国革命史教学大纲（试用本）》，并在全国课程改革会议上发言。1985年，中共中央下达一份文件，内容是政治理论课改革的意见。其中要求所有中共党史课暂时停开，改为中国革命史。根据中央的指示精神，教育部进行了具体安排和部署。1987年，教育部在东北师范大学召开了一个关于中共党史课改的会议，大会指定六所高校代表发言，我代表东北师范大学发言，发言主题是《关于中共党史改为中国革命史课的几个问题》，在这个发言中我重点讲了革命史与中共党史的区别和联系，会后我的发言被教育部采纳，在全国范围宣传，同时把这份发言稿推荐给中共中央党史研究室，中共中央党史研究室又把这个发言稿在《党史通讯》上设专栏发表。此外还有一个小插曲，在课改过程中，中国人民解放军总政治部（简称总政）也要根据中央精神进行课改，并组织总政系统、军事院校编写中国革命史教材，为此总政还专门在石家庄召开了教材工作会议，在会上相关负责同志将我的发言稿印发给与会者，要求总政系统九十几所高校编写中国革命史教材，都要参照这份材料来写。这件事本来我是不知道的，还是一次偶然的机会从当时负责统稿的同志处得知。在课改会议召开后不久，教育部领导又找到我，让我参与《中国革命史教学大纲（试用本）》的编写工作，并担任编写组组长一职，后经过一个时期的努力，《中国革命史教学大纲（试用本）》终于正式出版，可以说这本书的问世为成功推动课改发挥了重要作用。

《中国革命史教学大纲（试用本）》
（1988）

第四件大事：主编《中国革命史教科书》。20世纪80年代后期，社科界空前繁荣发展，很多高校教师都自发联合起来编写各类教材，其中中国革命史教材就多达一百五六十种。在这种情况下为了保证高校教学质量，教育部师范司根据政治教育专业课的需要，委托高等教育出版社，组织编写了《中国革命史教科书》（简称《教科书》）。我受教育部指派，负责主编这部《教科书》。当时是不允许教材随便叫"教科书"的，因为这本书是受教育部委托编写的，保障了质量，有一定权威性，所以出版时的书名就叫"教科书"，以示区别。与此同时，我还主编了另一部教材：《中共党史教程》。教育部直属有一个广播大学，就是给全国中学教师培训的，用广播的形式，面向全国。我这本书被这所学校指定为"全国广播教材"，沿用了十四五年之久。所以，这本书对全国中学政治课老师影响也很广。

总之，我在为全国高校教材建设的岁月里，从20世纪80年代初，持续了约10年之久。在这10年间，编大纲、教材同在学校担任培养硕士研究生教学工作是穿插进行的。任务繁重，工作极其紧张，生活、工作条件十分艰苦。在北京期间我住在北大的校园里。当时我也五十多岁了，夏天天气炎热，住处既没有空调，也没有电扇，汗珠子一滴一滴往稿纸上掉，

《中国革命史教科书》
（1991）

一日三餐要端着饭盒去食堂打饭，可以说谈不上什么生活条件，只能没日没夜地闷头苦干，我为此确实是呕心沥血，废寝忘食，昼夜奋战，没点干劲，没点强烈的事业心是办不到的。就因为我作为一名共产党员对事业高度负责的精神，作为一个学者治学严谨求实的态度，做出了我力所能及的贡献。我认为，作为一名高校教师，为全国高校编教材，这是一件很有价值、很有意义的一项基础工程。有一部好的大纲，有一部好的教材，这对党史学科建设来说，是一件基础工程，也是一件大事。对我个人来说，我通过这项工作，虽然付出了辛苦和代价，但是也促使我、推动我更加系统地掌握中共党史学科，奠定了坚实基础。因为你通过编教材、写大纲，你必须一丝不苟地、扎扎实实地搞清楚、写明白，这一点决不能含糊。作为一名学者来说，通过教材编撰工作也使我在全国高校政治理论界和学术界有了一定影响，有了知名度，为人所关注，为人所重视，为人所尊重。所以这是我近70年学术生涯中很有价值、很有意义的难忘岁月。

1981—1983年借调到中共中央党史研究室的经历也为爷爷的学术人生增添了浓墨重彩的一笔。爷爷是1981年被借调到中共中央党史研究室的，据他回忆，1980年年初，中共中央党史研究室正式成立，主任由中央书记处书记、宣传部部长胡乔木兼任，廖盖隆任副主任。成立之初的中共中央党史研究室由一个办公室、五个编写组构成，主要任务是编写《中国共产党历史》。由于刚刚组建，再加上编写任务艰巨而繁重，人员方面只能从中央党校、教育部借调。因为我之前编写了几部教材影响较大，被教育部直接推荐到了中共中央党史研究室。当时我的职称是副教授，被任命为土地革命时期编写组副组长（主持工作）。到任后我的任务分工很明确，就是编写《中国共产党历史》和《中共党史大事年表》。第一步是编著《中共党史大事年表》，这是工具书，是编写其他著作的基础，随后完成《中国共产党历史》第一稿，从此我开始了长达近3年的借调生涯。

我负责编写的是土地革命战争这段历史，这段历史从党的民主革命时期历史来看，是最复杂、最难写的一段，从国共两党对峙到"九一八"事变再到日本全面侵华，各种历史问题错综复杂，一时间很难捋出头绪。幸运的是中共中央党史研究室存有大量的文献资料。另外，可以有条件、有资格到中央档案馆直接查阅历史档案，这个条件对于党史工作者，对高校的党史教师来说，是绝无仅有的机会。当时到中央档案馆能查第一手材料的人是有条件、有规定的，保密制度很严。而1979年我被评为副教授，具备资格，能够到中央档案馆查阅材料。当年经常到中央档案馆查阅文献资料的只有我一个人，中央档案馆的地点距离北京市还有一段距离，在颐和园西北方向的一个大山下，档案都在山洞里面，党史研究室的工作人员每天早饭后送我过去，晚上下班把我接回来。档案馆的工作环境、工作条件还是比较简陋的，坐的是板凳，没有椅子，中午就在一个临时的小招待所的硬板床休息一下，下午接着看。虽然环境艰苦、条件简陋，但我的工作热情还是很高的，抓住难得的机遇，专心致志地查阅历史档案。

在中共中央党史研究室工作期间，我在内部上课还应邀在多家单位讲学。中共中央党史研究室除了我们这些专家、学者外，机关和教辅人员也很多，他们的中心工作是为编写党史业务工作服务，因此这种工作性质要求他们也必须掌握一定的党史知识。中共中央党史研究室的领导非常重视对职工的业务提高，要求所有相关人员都要参加业务培训班，而我承担了一部分授课任务。由于业务比较娴熟我讲课基本不念讲稿，也没有详细讲稿，都是提纲和引文，这样讲的效果好，学员们也非常满意。此外，我还应邀为社会上一些单位讲学，这也是组织分配的任务之一。除了上述工作外，我还完成了其他一些任务。如中共中央党史研究室不仅负责编党史，还代表党中央负责全国有关党史的博物馆、展览馆、电影等文艺作品的审查工作，地方有关这些方面的问题都需要报到中央，由中共中央党史研究室具体负责。其中关于土地革命战争这一段，由我负责的编写组具体负责。工作流程是由领导布置任务，我带领我的组员审查材料、具体研究，由我起草审查意见，再报送到中共中央党史研究室的领导廖盖隆处，经审查通过给以批复，最终由中共中央党史研究室用中共中央党史研究室机关的名义下发审查意见。正因我在研究室期间任务重、尽职尽责、工作质量高，领导非常满意，1982年7月1日，在中共中央党史研究室举办的"庆祝建党61年"大会上，我受到了表彰，大会对我的评价主要有两条：一是教学质量高。二是科研成果多。此事结束后不久，我就谢绝了中共中央党史研究室领导的挽留回到东北师范大学继续任教，后来也正是因为有了这段在北京工作和学习经历，业务水平也有了较大提升，返校后深受校领导的器重及同事们的推崇，1983年由政治系副主任破格提拔为副校长。

现在回首这段往事可以这样说，在中共中央党史研究室工作，因为全国有关党史方面的信息都在此汇集，见识广了；有机会去国家级档案馆翻阅大量的原始档案资料，视野开阔了。这些对我以后的学术研究和发展铺平了道路，奠定了基础。

我的爷爷郑德荣 <<<

郑德荣教授的部分著作

郑德荣教授的证书（部分）

我的爷爷郑德荣

父慈子孝植根「红色家风」

父慈子孝植根"红色家风"

◎夫妻恩爱　舐犊情深

人从出生的那一刻起，就开始走向了死亡，在出生与死亡之间才是生命。生命不仅仅是一种存在，更是一种延续。

我的奶奶盖静安是2016年去世的，在此之前两位老人已经共同度过了整整71载的光阴。在这71年间，生活上两位老人互敬互爱、相依相守，在事业上互相扶持、携手共进。奶奶和爷爷是在阜新相识的，自由恋爱。1952年爷爷留在东北师范大学任教，一家人搬来了长春。奶奶也由组织分配做了一名小学教师。可以说两个人都有属于自己的事业，但是奶奶为了支持爷爷的工作默默地扛起了家庭的重担，先后孕育了三男两女。据我的父亲和姑姑回忆，爷爷年轻时是十分刻苦用功的，还要经常外出参会、讲学，无法抽出太多的时间照顾妻儿，家中的日常事务都由奶奶来操持，这样一来奶奶不仅要教导学校的学生，还要在家中照顾儿女，年轻时由于过度劳累透支了她的身体，晚年的她饱受各种病痛的折磨。可以说，爷爷之所以能在事业上厚积薄发，取得瞩目的学术成就是与奶奶几十年的辛劳分担和付出分不开的。也正因为如此，爷爷对奶奶的情感不仅仅是夫妻之情，还怀揣一份愧疚与感恩之情。在他们步入晚年后，爷爷对奶奶更是百般的迁就、呵护。据我姑姑回忆,奶奶在55岁那年突发急性胰腺炎住进了医院的重症监护室,抢救后医生说奶奶暂时还没有脱离生命危险,要出一位家属留在病房外方便随时照顾病人,当时爷爷推掉了所有的工作,拒绝了子女们轮流照顾母亲的请求,一个人留了下来,饿了吃点医院提供的病号餐,晚上困了就睡在从家里拿来的一张细长小板凳上,就这样他一坚持就是五天四夜,后来奶奶的病情得到缓解,她醒来后的第一个要求是想吃几个饺子,为了满足奶奶的愿望,爷爷又骑车赶往家中,用最快的速度包好饺子,煮熟后放在保温壶里给奶奶送去,看到奶奶吃饺子时满足的神情,爷爷露出了久违的笑容,没过多久在爷爷无微不至的照顾下奶奶的病痊愈了。再有,奶奶70岁以后由于肠胃不好,吃的所有东西都要经过特殊加工,炖得特别烂才能下咽,而且她吃的食物里面基本不放任何调料,可以说是淡而无味,对于这样的食物正常人都难以下咽,可是爷爷为了迁就奶奶每一顿都要吃和她一样的东西,且从来都没有半句怨言。什么叫同甘共苦?爷爷迁就奶奶,尽管食物淡而无味,但是在爷爷心中这就是甜,一种旁人无法理解的甜。

2015年爷爷检查身体时被查出血压、血糖过高,遵照医嘱必须要住院调养、治疗,就这样他住进了医院,住院期间虽然他人在医院但心中惦念的仍然是家中的奶奶,而且每天都要给奶奶

父慈子孝植根"红色家风"

打电话,一方面是向奶奶报平安,另一方面是了解奶奶的身体情况。在爷爷住院第四天的时候奶奶突发心脏病,也住进了医院,家人怕爷爷知道后血压会再次升高,就没有把奶奶住院的消息告诉他,爷爷往家里打电话也都是小姑接的,说奶奶出去买菜、散步了,可是到了第三天爷爷察觉出了异常,在他的一再追问下,家人也只好说出了实情。爷爷一听说奶奶也住院了非常着急,立即就要去看望奶奶,当时奶奶和爷爷住在同一所医院,不过爷爷住的是8号楼,奶奶住的是3号楼,虽然都住在同一所医院,但是走路过去还有一段距离,我们劝爷爷先养好身体,目前的病情还不适宜下楼走动,可是爷爷却坚持要过去,后来实在拗不过他,只好找了一个轮椅推着他去了奶奶的病房。在进入病房后他看到躺在床上正在沉睡的奶奶,旁边的护工想要叫醒奶奶,却被爷爷用手势制止了,他把看护的家人叫出病房,并反复询问奶奶的病情,当得知病情已经得到控制时他紧张的神情逐渐舒缓。就这样,爷爷又坐在奶奶的病床前深情地凝视了她很长时间,直到家人提醒他该回去打针、吃药了,他才在轻吻奶奶的额头后依依不舍地离开。其实不仅是爷爷惦念奶奶,奶奶也一样牵挂爷爷。小姑说爷爷住院后奶奶只要一有空就守在电话机旁等爷爷的电话,希望能听到爷爷的声音,之所以后来会犯心脏病也是因为心中牵挂休息不好而引发的。后来奶奶醒过来听说爷爷来看过她,马上就要起身去爷爷那里，家人们赶紧上前劝慰，好半天才安抚住她。眼看两位老人这种情况，父亲、叔叔、姑姑们碰头商量了一下，决定晚上二老在身体都允许的情况下让他们见上一面，地点就在医院门诊楼的候诊大厅。晚上6点多钟时，在家人的分别陪伴下两位风雨同舟70载的夫妻终于见面了，在那一刻他们四目相对，双手紧紧握在了一起……爱，有时是相聚面对的凝视，有时是别后各自的守望，但更多的时候是平平淡淡中的你为我遮风挡雨，我为你牵肠挂肚。

1945年郑德荣夫妇新婚合影

20世纪60年代郑德荣夫妇家庭合影

20世纪70年代的郑德荣夫妇

父慈子孝植根"红色家风"

20世纪80年代的郑德荣夫妇

20世纪90年代的郑德荣夫妇

郑德荣夫妇的闲暇时光

翩翩起舞的郑德荣夫妇

引吭高歌的郑德荣夫妇

1961年，长期的粮食与副食短缺导致奶奶患上了肝炎，爷爷得了肺结核，当时国家有政策只要这两种病有诊断书就可以每个月每个人额外多领2斤大米，1斤白面，半斤豆油，有了这点细粮家里的伙食才有所改善,偶尔也能吃上一顿大米饭。可是每到开饭的时候爷爷就在书房里不出来,说是工作忙等会儿再吃,奶奶也让孩子们先吃,等孩子们吃完都回屋了,爷爷才从书房走出来,奶奶端出一碗粗粮熬制的疙瘩汤,他们相互推让了半天才把汤分着喝了,而这一切都被几个孩子看在眼中,后来之所以他们能够尽心尽力地孝顺两位老人与儿时在家中所感受到的血脉亲情是分不开的。

20世纪70年代的全家福

我父亲郑晓雷生于1949年,1968年,读初二的他同全国千百万知识青年一样上山下乡接受贫下中农再教育,当时他下乡地点是梨树县梨树公社三家子镇八里庙大队,据他回忆,当时住的是茅草房,一个集体户住了十多个人,都是像他一样大的孩子,因为他在其中年纪最大还做了户长,爷爷反复叮嘱爸爸,作为户长要事事起到模范带头作用,不要辜负家人和组织的期望。正是在爷爷无微不至的关怀与爱护下,爸爸在集体户一干就是3年。

1971年5月,扶余油田来集体户抽调知识青年参加石油大会战,公社和户里向油田推荐了父亲,由于父亲是家里参加工作最早的,又是被组织选派到油田工作,在临出发前爷爷还特意来信嘱咐说:"儿子,能去油田工作是件光荣的事,而且你又是第一批被抽调去的骨干,一定要干出成绩来。"父亲到了油田后,全身心地投入到油田会战中,最艰苦的时候在"四号钻井"通宵会战七天七夜,由于他在会战中表现突出,先后多次被油田评为"五好战士"。

1974年,知识青年开始纷纷返回城市,爸爸眼看着同一集体户的人走了大半,却迟迟没有收到让他返城的消息,可以说是心急如焚,为此他还几次找到大队了解情况,但得到的答复却是让他继续等待,无奈之下他又联系了爷爷,希望爷爷能够想想办法让他快点返回长春,回到父母身边。在电话里爷爷沉思片刻说:"晓雷,这些年你在农村、在油田表现得很好,成长得很快,爸爸很欣慰,至于你工作上的事组织自然会有安排与考量,希望你能够安心站好这最后一班岗,爸爸对你有信心,你也不要让爸爸失望。"果然,时隔不久爸爸就收到了可以返程的消息。直至今天爸爸对这些事仍是记忆犹新,每当谈起都深有感触地说:"农村的生活确实很艰苦,但正是在那样的环境中我才能得到锻炼与成长。如果当初没有爷爷的鼓励,没有爷爷在关键时刻的定向把关,我不会有今天。父亲对我的恩情我始终难以报答,从他的身上我学到了什么是坚持与韧劲,什么是牺牲小我,成就大我,什么是对党忠诚,听党指挥,如何做一名称职的好父亲、合格的好党员。"

◎寸草生辉　慈乌反哺

在爷爷、奶奶几十年的影响和感染下,家中第二代的几位长辈不管在个人品质方面,还是在教育儿女方面都没有给爷爷丢脸,尤其是在孝顺父母方面更是如此。"孝顺"一词是由孝和顺两重意思构成,孝敬老人很多儿女都可以做到,但是要想做到孝顺兼顾却不是件容易的事,多少年来只要是两位老人在生活中需要的,他们都要想方设法地尽量满足,不管谁在做什么,只要父母一个电话就随叫随到,让干什么就干什么,从不拖延、推诿,而且几十年我就从未见过有谁当面顶撞过二老。

我小姑以前在长春的一家涉外企业工作,主要是负责向国外派遣各行业的技术工人,由于小姑在工作中踏实肯干,业务能力也很过硬,得到了企业领导的赏识,但是那几年我奶奶的身体特别不好，爷爷也患上了糖尿病，经常要住院调理，家里几位子女都在各自岗位上工作，特别忙，不能天天陪伴和照顾老人，连续换了几个家政人员也都不称心，眼看二老的身体每况愈下，小姑看在眼里急在心头，在经过激烈的思想斗争后她终于做出了一个重要决定：辞职！全职在家照顾老人！当时很多人都劝她，毕竟她还不满50岁，事业也正处在上升期，可是她却义无反顾地向单位递交了辞呈，从此照顾老人就成为她生活的全部内容。早上她要去市场给老人买新鲜的蔬菜，上午通常不到8点就到爷爷家干活，刷碗、扫地、洗衣服、浇花……爷爷家一日三餐，以及所有的家务都被她一人承担下来，从一开始的家常菜到后来需要特别烹制处理的饭菜，她身上的担子越来越重，就这样，她一照顾就是二十多年。在这二十多年里她把自己几乎所有的时间和精力都放在了照顾老人身上，她不仅从未外出旅行过一次，甚至连自己的家都顾不上，在她的精心呵护下老人们的身体很多年都没出现大的问题，我爷爷之所以能够90岁高龄还有精力从事科研工作，我奶奶八十多岁还能教学龄前儿童学字都源于我小姑的细心照料。2010年以后，随着我小姑年龄的增长，高强度的家务劳动让她的身体不堪重负，为了减轻她的负担，爷爷家里雇了家政人员，原以为小姑可以歇一歇了，可没想到爷爷、奶奶已经习惯了小姑在身边的日子，换人后二老在生活上十分不适应，尤其在做饭方面，由于我奶奶对饭菜有特别的要求，小姑只能再次承担起沉重的家务。小姑不仅要负责二老的日常饮食起居，在爷爷每次生病住院期间她都要做双份饭菜，一份给家中的奶奶吃，一份给医院的爷爷吃，晚上还要住在爷爷家陪奶奶过夜。长期的过度劳累让小姑患上了心脏病，一次在爷爷家我看到她一边在厨房忙着做饭，一边吃药，我就问她是不是生病了，她说没什么，就是心脏不太舒服，后来在我的一再追问下她才说："年轻一点的时候还好，你爷爷、奶奶身体没有什么大毛病，我的年纪也不大，可是随着时间的推移，爸爸、妈妈身体状况不断，我也年近六旬，心脏出了点问题，经常正在厨房做饭心脏病就犯了，每到这个时候怕影响你奶奶、爷爷吃饭不敢休息，就只能掏出事先准备好的速效救心丸应应急。"听到小姑的这番话，我问小姑我能帮你做点什么吗，可是小姑却说："你们年轻人工作忙，事情多，照顾好家庭和身体就好，爷爷、奶奶这边有我们兄妹几个在不用你操心，只要有时间来看看二老就好。"小姑用二十几年的光阴换取了爷爷、奶奶安逸、幸福的晚年，为全家做出了表率。在爷爷过世后我曾经问过小姑："小姑，虽然说爷爷、奶奶是您的父母，但是您以牺牲自己的生活、事业为代价来照顾他们，而且一照顾就是这么多年，实在太不容易了，这二十几年您是怎样坚持下来的？"当时小姑的回答是："在儿时爸爸、妈妈就十分疼爱我们，有一口吃的也要让我们先吃，后来他们又供我读书，教我做人的道理，帮我组建家庭，做儿女的要心存一颗感恩之心，只要爸爸、妈妈晚年过得幸福，我付出再多都是值得的！"

当然，除了我小姑之外，家中的几位长辈都为两位老人付出了很多。我大姑退休后即便有着沉重的家庭

郑德荣教授与小女儿郑晓盈合影

负担，也从没有一刻忘记爷爷、奶奶，只要稍有空闲时间就过去看望老人。爷爷生病住院期间大姑和小姑换班在家里照料奶奶，一人一天一宿，她们怕奶奶晚上出现突发状况，一方面不定时地要过去看看，另一方面嘱咐奶奶有事情按闹铃叫她们。因为奶奶年纪大了，一宿起夜就要好多次，每次都需要她们在身边，因此她们一整宿基本上是不能睡觉的。

父慈子孝植根"红色家风"

郑德荣教授与大女儿郑丽萍、小女儿郑晓盈合影

我的父亲已经70岁高龄了,因为患有胃病身体一直都很瘦弱,再加上2009年我的母亲因病去世,一个人的生活就更加艰难,可是只要爷爷、奶奶有任何事情他都会第一时间去办。因为几位叔叔白天要上班工作,小姑又要留在家里做饭,奶奶身体不舒服都会叫爸爸陪她去医院,奶奶身体不好通常一周要去三四趟,有的时候还要留在医院打点滴,往往一折腾就是一整天,可是爸爸始终在默默地付出,从没有过半句怨言。此外,爸爸还负责给爷爷、奶奶买药和各类生活用品,有的时候为了买一种药要走很多家药房才能买到。爷爷生病住院期间爸爸负担起了送饭的职责,每天上午10点他就要从家出发先去爷爷家里取饭,然后再送到医院,等爷爷吃过饭后还要把饭盒再送回家去。

郑德荣夫妇与郑晓光一家合影

我二叔是学美术专业的,思想非常活跃,同时也是出于寻找艺术创作灵感的需要,他经常要接触一些前沿的各行各业的信息,这也让他在头脑中储备了非常丰富的知识。他平时每到周末都会到爷爷家里看看,帮忙做家务,购买一些生活用品的同时,在爷爷工作之余还会陪在老人家的身边给他讲很多见闻轶事,包括他最近读到的红色经典,构思的红色油画,听到的、了解到的关于党和国家的最新消息动态。每当这个时候爷爷就由一位讲授者转变为聆听者,一边听还一边点头,偶尔还要发表几句言论,我想这段时间应该是爷爷一天中最放松的时刻。只要病房里有他的身影爷爷就不会寂寞。

我的老叔在吉林省党史研究室工作,白天的工作非常繁重,但是只要他一下班就立刻赶到爷爷家接小姑的班,因为怕

父慈子孝植根"红色家风"

爷爷、奶奶年纪大了晚上有什么突发状况,他自愿留下来陪夜,几乎每天都是一下班就直奔爷爷家,直到第二天上班才离开,一整年下来在家里过夜的时间屈指可数。尤其是爷爷生病住院时,病房需要留一个人陪护,可是房间的病床都满员了,只能从家里拿来一个折叠行军床,本来家人商量着晚上排班轮流照顾爷爷,可是老叔却说哥哥、姐姐们年纪大了留在医院里过夜怕身体熬不住,而且平时晚上也是他在照顾爷爷,比较熟悉爷爷的生活习惯,换了别人他也不放心,就这样几乎每次爷爷住院陪护的都是老叔,其他家人都被他安排在了白天。记得在爷爷过世前的一个月里,老叔更是整天整宿地留在病房,跟爷爷聊天,给爷爷按摩、喂药、买饭,整个人就像一个停不下来的陀螺一样,每次在医院见到他都是一脸的倦容,头发在一个月的时间里也白了不少。爷爷去世后,他又全身心地投入到了爷爷事迹宣讲工作中,在短短的两个月内宣讲数十场,足迹遍及吉林省内外。此外他还不辞辛苦参与到国家及省里举办的各种表彰活动中,积极配合并推动省里组

郑德荣教授夫妇与作者夫妇合影

织的向全国优秀共产党员、改革先锋郑德荣同志学习系列活动。

　　双亲之爱，在成人方面，儿孙们更多的是受益于母亲；在成才方面，孩子们更多的是受益于父亲。做父母的应该给孩子提供一个充满美德和爱心的成长环境，决不是在物质方面的满足，精神财富才是一个家庭的传家之宝。从爷爷、奶奶这里树立的仁孝家风不仅影响到了几位子女，还有他们所组建的家庭。可以说是家家夫妻和睦，日子过得蒸蒸日上。我的父亲、母亲结婚30年，夫妻二人始终相敬如宾，我没有见他们吵过嘴，红过脸，现在回忆起我的童年、青少年的时光能够在这样一种家庭氛围中成长是非常幸福和幸运的事情。多年后，我也有了属于自己的家庭，这时我才真正感受到在家庭生活中夫妻要做到不拌嘴、不红脸是一件多么不容易的事情，我常常在思考为什么我的爸爸、妈妈就能够做到这一点呢？主要还是我父亲的原因，他事事迁就母亲，时时关心母亲，母亲开心的时候他就跟着一起开心，母亲心情不好的时候他在一旁宽慰母亲，他做错什么事情会主动向母亲认错，这样一来就避免了很多家庭矛盾，形成了良好的家庭氛围。我父亲这种家庭处事方式是源于我的爷爷，我爷爷同样几十年没有和奶奶有过任何争执，只要是奶奶提出的要求他都尽量满足，只要是奶奶做出的决定他几乎都不会提出异议，即便是在晚年奶奶因为身体不好导致心情受到影响的情况下，爷爷能迁就的尽量迁就，

父慈子孝植根"红色家风"

能宽慰的尽量宽慰，宽慰不了也尽量避开不惹奶奶生气，也正因为如此他们才能携手七十余年，影响了儿孙几代人，为后辈做出了典范与表率。

◎孝悌传家　瑞满华堂

六个家庭二十几名家庭成员亲如一家，深深的爱，浓浓的亲情成为家族的黏合剂，使这个大家族呈现出强大的生命力、凝聚力和影响力。在子女全身心照顾老人的同时二老也十分关心子女后代的家庭生活及工作情况，经常打电话询问后辈的近况，尤其是当一家遇到困难时，老人家会第一时间通知所有的家人，齐心协力共渡难关。2006年，妈妈患了静脉血栓，医生叮嘱溶栓过程腿部一定要抬高，身体决不能挪动，否则血栓一旦脱落易形成血管堵塞，严重的会危及生命，也就是说妈妈在住院期间必须有人24小时在身边照顾，爸爸当时就提出他留在医院，可是在妈妈住院的第二天爸爸的心脏却又出了问题，只能回家休养，虽然我主动要求留下来照顾妈妈，但是我毕竟没有照顾病人的经验，没到半天就已经手忙脚乱，妈妈看到这种情形坚持要放弃治疗立刻出院，爸爸也无计可施。此时，爷爷、奶奶从父亲那里得知这一情况立即打电话给各家，各位家人听到这一消息后立刻行动起来，伸出援助之手，当天下午小姑、老婶、二婶就一同来到医院探望母亲，当了解到我们家面临的最大问题是缺少人手时，她们马上就做了详细的分工。二婶、老婶换班守在母亲的身边，小姑负责给母亲送饭，就这样她们在母亲的床前护理了整整两天。在家人们无微不至的关心体贴下妈妈的病恢复得非常快，不到一周的时间就出院了。虽然事情已经过去了十几年，但我永远记得在我们家最艰难的时刻是亲人们给予了我们无私的帮助，患难见真情，也只有在这个时候才最能体现出大家庭的温暖与凝聚力。其实像这样的事情在我们身边已经发生过不知多少次了，正是在大家庭成员的相互扶持下，每个小家才能克服重重困难，跨过一道道难关，日子也过得越来越红火。

郑德荣教授夫妇与作者一家合影

我们家族有一个延续多年的传统，就是家庭聚会。从我记事起几乎每年的五一、十一、新年一大家人都会欢聚一堂，共度佳节，听爷爷说这样做是为了增进亲人之间的感情，增强家族的凝聚力，同时也为了培养年轻一代的亲情意识。说到聚餐可不是我们一家的专利，很多家庭逢年过节都会举办类似的活动，一大家人推杯换盏，畅谈人生。但是我家的聚会却被两位老人赋予了更丰富的内涵与特殊的意义。首先是时间长，从我记事开始聚会地点主要在爷爷、奶奶家，聚会当天是最热闹的，一大早各家就纷纷出发直奔爷爷家，那时候居住条件有限，做饭用的是公共厨房，为了节省使用灶台的时间，各家在出门前都要做好几道拿手菜带过去，这样一桌丰盛的饭菜只要不到半小时就可以上齐。父亲他们陪爷爷、奶奶坐主桌，我们第三代年纪都还小就在下面单摆一桌，现在想想正是在一次次聚会中才让我有了长幼有序的观念，逐渐树立起了"规矩"意识，相比较于现在孩子的生活，我觉得自己儿时的家庭生活是值得缅怀和回味的。我们家人没人会抽烟，更不善饮酒，每一次聚餐饭桌上除了饮料最多摆放不超过两瓶啤酒，不过那也只是摆摆样子，增加点节日气氛罢了，在饭桌上家人们也只叙亲情，从没有人在饭桌上红过一次脸，与长辈顶嘴更是不可能发生的事情，就是餐后的娱乐节目也只限于打扑克、纸牌、下棋和看电视，全家人都没有打麻将的习惯。之所以会形成这样一种家庭风气与爷爷、奶奶多年来的培育与教导是分不开的。

20世纪90年代家族合影

2000年家族合影

郑德荣夫妇正在为作者发放红包

2019年新春家族合影

多年来，家族成员之间也不知道聚了多少次，但是 2005 年 8 月 15 日的聚餐却至今让我记忆犹新。爷爷、奶奶是在 1945 年 8 月 15 日在辽宁阜新结婚的，限于当时的生活环境，只是简单地请亲戚朋友吃了顿饭。风雨同舟几十年，二老相依相伴，爷爷总觉得在这方面亏欠了奶奶，希望能够补拍一套婚纱照。2005 年 8 月 15 日是爷爷、奶奶结婚 60 年纪念日，家人们商议决定在这个特殊的日子里圆了两位老人的心愿，随后全家总动员，有负责订酒店的，有负责找婚纱摄影的，还有负责采购的……每一家都领到了各自的任务。随着时间的飞逝，8 月 15 日这天终于到来了，一大早小姑、老叔就带着爷爷、奶奶去了婚纱摄影馆，那里的一切已经准备就绪，在经过紧张而又有序的化妆、试衣后，二老穿着崭新的婚纱、礼服出现在众人面前，虽然拍照的过程很艰苦，但是他们的脸上始终洋溢着幸福的笑容，仿佛突然间就年轻了几十岁。拍完婚纱照已经是下午，家人们纷纷前往事先预定的酒店，晚上将要为二老举办一场隆重的钻石婚庆。为了烘托喜庆的氛围，家人们对会场还进行了专门的布置，不仅拉上了横幅还贴上了喜字。当爷爷、奶奶踏进会场那一刻，家人们纷纷送上了最真挚的祝福，还送上了一大捧鲜花，爷爷、奶奶在那天是当之无愧的"最美"主角。我想这也是对他们多年来为家族辛劳付出的最好回报。

父慈子孝植根"红色家风"

郑德荣、盖静安夫妇婚纱照(一)

我的爷爷郑德荣 <<<

郑德荣、盖静安夫妇婚纱照（二）

郑德荣、盖静安夫妇钻石婚庆典

我的爷爷郑德荣

三代党史人传承『红色家风』

三代党史人传承"红色家风"

◎世代书香　翰墨芬芳

爷爷家的日常生活物品有很多,但他最为在乎,甚至视若珍宝的就是摆放在书房、卧室的数千册的书籍。爷爷从教67载,可以说除了亲人与学生,书籍就是他最好的良师益友,老人家从7岁开始就与书结下了不解之缘,他曾回忆,因为他的父亲也就是我的太爷爷在邮局工作,让他有机会接触一些报纸与刊物,正是在与书报为伴的日子里,他的学识得到了增长,眼界也随之开阔,书报中的内容让他对外面的世界有了一定的认知,而且逐渐形成了爱读书和看报的习惯。后来在艰苦求学的岁月中,倍加珍惜读书的机会,在学业上对自己要求极其严格,经常通读至深夜。

1941年爷爷顺利通过考试被奉天第三国民高等学校录取,在就读期间他深感自身国学基础的不足,报名参加沈阳大南门外崇文馆补习《四书》《古文观止》《滕王阁序》《桃花源记》等国文知识,让他的国学功底更加夯实。1949—1952年他进入东北大学历史系攻读中共党史专业,为了能够迅速掌握基础理论,他几乎天天泡在图书馆里,不到一年时间就将图书馆里党史专业的藏书通读了一遍,还有很多内容做了笔记带回寝室研究。那时爷爷不仅去图书馆读书,还经常去书店逛逛,有急需的工具书就买上一本,有的时候宁可饿肚子也要攒钱买书,在他大学毕业时寝室床铺下已经摆放了数十本专业书籍。他买书并不仅仅是因为爱读书,更多的是学术研究的需要,这些书成为他日后迈向学术巅峰的"基石"与"第一桶金"。在参加工作后,爷爷更是以书为伴,不管去哪里随身都要带上一本或者几本书,只要有时间就要坐下来拿出一本书读一读,他每天晚上至少要读一个小时的书,而且这个习惯一坚持就是七十多年,仿佛读书已经成为他的一种本能。随着时间的推移,他身边书的数量也越来越多,这些书有的是他自己购买的,有的是学生、同事送给他的,还有一部分是他自己的著作。参加工作之初爷爷家只有一个书柜,百十来本书,可是没过几年就不够用了,于是又添置了第二个书架、第三个书架、第四个书架……几十年过去了,他住房的面积没有改变,但家中的空间却在不断缩小,曾有人劝他把过去的旧书处理掉一些,可是他的做法却是将常用的工具书放在书房方便随时取用,将不太常用的书放在卧室,有需要时再去找,将一小部分用不上的书放在杂物房,偶尔也会进去翻一翻,直到爷爷去世,他的几万本藏书仍然静静地摆放在家中每个房间的书架上。爷爷曾先后搬过四次家,每次搬家家中的书籍必须由他亲自打包,他总是会找来几个纸箱,把书分门别类地摆放进去,然后用胶带把纸箱的口一层层地封起来,这个过程是不允许别人插手的,搬到新家后他又会把书一本本地按顺序摆放到书架上。据王晶老师回忆，每次到老师家，他都在读书。有时学生在书店、图书馆找不到的资料，到老师家去找，十有八九可以找到。老师甚至能告诉他们，要查找的资料大致在书架的哪个位置、哪本书籍中，甚至指出在书中的哪个部分。爷爷之所以对书籍如此的重视源于在他心中对书的认知：书籍所承载的不仅是知识，还有他的追求与信仰，是他精神力量的源泉；书籍不仅是他必不可少的业务工具，更是陪伴了他几十年的老伙计、老朋友。这就是我的爷爷——一位爱书、懂书，以书为邻、以书为友、从书中吸取无穷养分的耄耋老人。

在爷爷的影响下我与书结下了不解之缘。一开始我只是觉得那么多的书很好玩，偶尔翻几本自己能看得懂、有插图的书读一读，但随着年龄的增长，知识的逐步积累，能看懂的书也就越来越多，随之去爷爷家里的次数也越来越频繁，有的书当天看不完就向爷爷借，拿回家去继续看，久而久之也就养成了去爷爷家读书、借书的习惯，但每次借书爷爷都要约法三章：一是借走的书要按时归还；二是可以在书上做笔记但不能乱涂乱画；三是认真保管不能遗失。同时每次还要打借条，借条上要写清楚借走的书目以及归还的时间。

在我12岁那年，有一次我拿着从爷爷家借的几本书往家走，半路上遇到了专程来看爸爸、妈妈的表哥，表哥还给我也带了一份礼物——一支电动枪，我把书都放在路边把玩起枪来，玩了一会儿就直接回家了，到家后才想起来书没有拿，等我回到原地书已经不见了，当时我并没有把这件事情放在心上，可是时隔几个月后爷爷却向我提起书的事情，无奈之下我只能说出实情，爷爷什么话都没有说，立刻穿好衣服带我出门，我们去了新华书店、红旗街书店、东北师范大学出版社书店……终于在奔波了大半天后把丢的那几本书补了回来。回到家后爷爷对我说，书籍就像我们的伙伴、朋友一样，我们要爱护它们，你还小，这次就算了，如果再出现这样的事情爷爷就不会借书给你了。当时的我心里还有点不服，心想："爷爷太小题大做了，几本书至于这么折腾吗！"不过这件事情在我幼小的心灵中留下了很深刻的印象，再借书、还书也比之前小心多了。后来我步入校园，一步步地从小学、中学再到大学，研究生毕业后，我进入学校成为一名教师，几十年的学习生涯让我的家中也存放了大量的书籍，虽然这些书我并没有每一本都读过，虽然它们同样占据了我很多的私人空间，但是每当我坐在书桌前，抬头仰视着那一本本版式各异、薄厚不一的书籍时，心中就会莫名地产生一种踏实感与愉悦感，仿佛有它们的陪伴知识世界就不再那么枯燥与单调，而是充满了各种色彩。

一个人，只有当他读书由爱好成为嗜好后，才发现自己是个饥饿的乞丐。一本书，便是一个世界，读千卷书，就是认识大千世界。

三代党史人传承"红色家风"

读书学习中的郑德荣夫妇

正在翻阅文献资料的郑德荣教授

我的爷爷郑德荣 <<<

郑德荣教授的"党史资料室"

郑德荣教授的书桌

◎人生导师 前行灯塔

爷爷对待我们儿孙的要求非常严格，并时常教育我们为人要正直、坦荡、无私，所作所为要对得起党、对得起国家和民族，要立足于本职岗位，做出应有贡献。虽然多年来爷爷从来没有用手中的权力为家人办过事，但是这并不等于他不讲亲情、不关心身边的亲人，只不过人与人表达情感的方式是不同的，爷爷对我们家人而言就像一座永不熄灭的灯塔，当身边的每一个人面临人生重大抉择或处在迷茫与困惑时，他都会在一旁警醒你，帮助你，为你指明未来前行的方向。

我的父亲、叔叔、姑姑们都是在新中国成立后出生的，我的两位叔叔先后插队去了农村，在经过几年的艰苦历练后先后返城，回到长春后，兄弟三人相继被安排进了工厂工作，并意气风发地走上了各自的工作岗位，工作之初他们只是一心把手头的工作做好，把父母、家庭照顾好，并没有考虑到个人的未来发展问题，可是有一天爷爷却把三个儿子叫到身边，语重心长地说："孩子们，你们都已经长大成人了，经过农村的历练后在工厂工作，这很好，但是你们是否想过未来各自的发展与人生走向，我觉得做人在立足当前的同时还应积极规划自己的未来，从整个社会的发展趋势来看，还是要继续读书，积累更多的知识才能为国家、为社会做出更大的贡献，你们说呢？"听到爷爷这番话，兄弟三人意识到了学习文化知识的重要性，纷纷选择进入夜校进修，在1977年恢复高考后，他们也相继考上了大学，后来重新择业成为教育战线的一分子。爸爸在氧气厂干的是水暖工，晚上一下班就直奔夜校上课，上完课之后还要去图书馆复习功课，经常要半夜才回家。后来我出生了，爸爸一边学习一边还要照顾家庭，承担的压力很大，由于他长期专注于工作、学业与家庭，日常饮食不规律，导致他患上了严重的胃病，身体一直很瘦弱。后来他考上了大学，并在毕业后选择进入长春市宽城区委党校工作，成为一名法学教师，在工作之余他还考了律师资格证，做了兼职律师，他所得到的这一切让爷爷十分开心，成才的秘诀就在养成迅速去做并能克服所有困难的习惯。爷爷无声的榜样作用无处不在。

老叔郑晓亮在吉林省党史研究室工作，年轻时和父亲的人生经历很相似，也是初中还没毕业就上山下乡去了农村，1975年从农村回到长春，当时他被安排在长春纺织配件厂工作，1978年考入东北师范大学政治系，在大学毕业那年他也同样面临着择业问题，当时在他面前有多个就业选项，法院、检察院、税务局等多家单位都需要政治学专业的毕业生，其中也包括吉林省党史研究室，如果单从就业的角度考虑党史研究室并不是最佳选项，但是他最终选择从事这份工作，我曾经问过他为什么当初会做出这个选择，如果去了法院、检察院，现在或许已经成为一名出色的法官、检察官，他的回答是："为这件事我也曾犹豫过，纠结过，显然进入公检法不管是对未来的职业发展还是相关待遇方面都更有优势，事实上，我身边有很多同学也做出了这样的选择，但是从我内心来讲最想进入的却是党史研究室，现在回想起这段往事主要还是'党史'两个字深深地吸引了我，从小我就对党史研究产生了浓厚的兴趣,立志要追随你爷爷的脚步,即便在插队期间我也没有放弃对党史知识的学习,在学校读书的时光只要没有课我就一头扎进图书馆,阅读的也大多是党史类书籍,可以说'党史'已经成为我生命中不可分割的一部分。一边是实现自己多年来的理想,一边是相对优越的工作,究竟何去何从?为此我专门回到家中和你爷爷促膝长谈征求他的意见,我们爷俩一谈就是几个小时,你爷爷耐心地帮我开解心中的种种困惑,最后我毅然选择了去吉林省党史研究室工作,如果没有他老人家的指教就不可能成就今天的我。"

长子郑晓雷(中)、次子郑晓光(右)、
三子郑晓亮(左)合影

我的爷爷郑德荣 <<<

年幼时的作者与郑德荣教授合影

作者青年时代与郑德荣夫妇合影

郑德荣教授与重孙子郑志宇合影

郑德荣教授与家中的第三代合影

郑德荣夫妇与家中的第三代、第四代合影

2007年我的人生再次面临重大抉择——硕士研究生毕业后

的就业问题，当时我有两个选择：一是去高校，二是到党校。出于谨慎起见我又再次去征求爷爷的意见，老人家对我说："象牙塔里不缺少一个学者，但是党的干部教育事业却需要注入更多的新鲜血液。"于是我最终还是选择了到党校工作，而且一干就是十几年。在工作期间我又攻读了中共党史专业的博士研究生，并于2016年正式毕业，获得了博士学位，紧接着我又主动进入了博士后流动站进行深造。爷爷就是这样一个人，他对待自己的亲人决不会用权力或影响力给你创造任何便利，但是他会在你人生处在十字路口时为你指明未来的方向，而且只要你勤奋、上进他会在业务上不遗余力地培养你、扶持你。2018年，爷爷永远离开了我们，但他对我多年的谆谆教诲却无时无刻不在激励着我发愤图强，砥砺前行。

作者正在宣讲郑德荣教授的事迹

◎不遗余力　事业扶持

人的一生要受教于三所学校：家庭、学校、社会，社会是一所大学校，大学是一所受时间限制的学校，而家庭则是第一所学校，我的爷爷就是我的人生导师。

2012年，爷爷因病住院，并接受了肠癌手术。手术进行得非常顺利，术后半个月左右他就可以下床走动了，有一天下午我去医院陪他，他让我陪他去楼下的朝阳公园走走，说大夫说适当的运动有益于刀口愈合。到了公园我们一边聊天一边散步，爷爷当时的气色很好，能看得出来再过几天就能出院了。正走着爷爷突然问我："凯旋，我住院以前咱们合作完成的那篇论文你写的怎么样了？"我事先没有心理准备，顿时有些瞠目结舌，这篇文章是三个多月前开始动笔的，经过多次修改已经快要结稿，不过在撰写的最后阶段爷爷却生病住院，而我也因为工作上的原因暂时把它放在了一边，原以为爷爷住院肯定一时顾不上我，等我把手头的工作做完再继续完成写作也不迟，可没想到今天老人家却突然提及这件事。看着面前的爷爷，我也只能这样回答："爷爷，文章已经基本完成，不过有几处理论问题我还没有想通，您目前还在住院，等过些天您出院了咱们回家再慢慢商讨，您说呢？"可是爷爷却不买我的账："你有什么问题现在就问，这样一篇文章我住院前就已经写得差不多了，到现在还没发出去，进度太慢。"我赶紧摇头道："爷爷，这可不行，现在您还在养病阶段，不适宜过于劳累，万一刀口出问题了怎么办？"但是后来我实在拗不过爷爷，只能依了他，就这样我们爷孙坐在公园的长椅上我问他答，往往一个问题他都要耐心地给我解释半天，不知不觉两个小时过去了，直到我最后一个问题问完，老人家才满意地让我把他扶起来，一步步地挪回了病房，回到病床上还没忘记嘱咐我，让我过两天就把修改完的稿件拿给他看，他看过后才能投出去。

在培养后学方面，爷爷有自己的一套"点金术"，他从不照本宣科，也不会一本教案讲到底，他喜欢启发式教学，培养内容和方式

作者正在与爷爷交流思想

根据每个学生的特点量身定制。记得刚刚读研究生的时候爷爷就把我叫去，给我布置学业任务，用他的话说是额外给我"加担子"，他要求我每年必须要阅读超过一千万字以上的第一手文献和相关史料，每个礼拜必须要向他汇报一次学习的成果，他会根据我汇报的内容随机提出问题让我解答，同时他还要求我要带着问题读书，决不能"一掠而过""走马观花"，不然会错过很多重要的知识点；读书时要善于思考、善于发现问题，并带着这些

问题想方设法寻找答案；要学会使用工具书，所有撰写的论文内容都要言之有据，决不能人云亦云……正是在爷爷手把手的教导下，我的专业水平得到了不断的提升。刘世华老师至今仍清晰地记得，当年读郑老师的博士时，最难的一门课就是文献阅读。爷爷每次课都要求学生通读一个时期或者一个主题的文献，下一次课讨论。谁没有认真读，讨论时他马上就可以发现，会被严厉批评。爷爷常对学生说："离开严谨求实，不能称其为科学。"

带学生，爷爷还有一个绝招——任务带动——师徒一起攻坚写论文。"一篇论文，磨上几个月。最后，论文发表了，你也出师了"，刘世华教授感叹道。对此，爷爷常说的一句话是："写文章就是十月怀胎，公开发表论文就是一朝分娩。"据邱潇博士回忆，他在跟随老师做学问时曾经有一篇论文前后改了33遍。其实，对于邱潇博士的经历我是深有体会的，参加工作以来我相继在各级刊物上发表论文四十余篇，其中有接近一半的文章是在爷爷的帮助下完成的，现在回想起和爷爷一起做学问的时光可以用"痛并快乐着"来形容，"痛"主要体现在写作的过程中，凡是与爷爷合作的论文从拟订标题、敲定各级提纲到撰写具体内容都要经过他的层层把关，反复修改，最快的也要两到三个月才能完成，慢一点的需要多久呢？我曾经写过一篇关于长征的论文，我清楚地记得在2013年1月，四川省社会科学院主办的刊物《毛泽东思想研究》向爷爷约稿，我们共同拟订了文章标题后，就开始了漫长的创作过程。开始爷爷并没有急于让我动笔，而是给我提供了一个书单让我先把上面列出的文献都看一遍，并将其中的要点摘录下来，就这样我读了整整三个月的文献，并且完成了5本笔记。直到我所有的前期准备工作都完成了，爷爷才让我动笔写作，在创作过程中我接受了前所未有的挑战，从2013年1月开始准备到2014年4月正式完成，这篇12 000多字的稿件历时近一年半的时间，反复修改数十稿，甚至爷爷对每一个标点符号都进行了严格把关，在这期间我心中甚至产生过放弃的想法，但是每当我想到家人对我的殷切期盼，想到耄耋之年的爷爷还在不辞辛劳地一遍遍帮我修改论文，心想一定要咬牙坚持下去，决不能向困难妥协。完稿那天我看着电脑上标着修改日期的一篇篇文稿，心中既激动又酸楚，激动的是长期的努力与付出终于有了回报，酸楚的是做一名社会科学尤其是中共党史专业的老师实在太苦、太难了，没有经过千锤百炼又怎么能在将来有所作为呢。

爷爷在帮助我提升业务水平的同时，也在教导我做人的道理：应该如何面对工作上的种种困难，如何迎难而上有所作为。爷爷这种教书育人的方式方法得到了教育界同仁的一致认同。由中国人民大学、北京师范大学、吉林大学、东北师范大学等院校教授组成的优秀教学成果鉴定委员会，曾对他做过考核鉴定："……教学水平居于国内领先地位。该同志既教书，又育人；既能严格要求，又多方关怀学生的成长与进步；以身作则，为人师表，事迹突出，效果卓著，堪称教师中的佼佼者。"这一评价，是爷爷既为"经师"更为"人师"的真实写照。

"做学问不能墨守成规，要经国济世"。这是爷爷做学问的一个重要理念，他经常告诫我，做学问，尤其是从事中共党史学科研究的大忌：一是理论与现实相脱节，一味夸夸其谈，丝毫不能解决现实问题。二是思想保守、陈旧，理论研究跟不上时代的发展。三是心浮气躁，不能收心，坐不住冷板凳。以上这三条是他对我的期许和要求，但何尝不是他对自己的鼓舞与鞭策呢。爷爷过世后，一本《习近平谈治国理政》端正的摆放在他办公桌位于手边的位置，书中不同颜色的笔记表明，此书他已经精读了无数遍，字字斟酌，句句思考。旁边矮桌上，摞着一尺多高的牛皮纸信封，那是许多学术期刊寄来的样刊，几乎每收到一本样刊他都会认真阅读。书架上，一眼望去从《三中全会以来》到《十八大以来》，从《关于若干历史问题的决议》到《党的十九大报告辅导读本》，从《马克思恩格斯全集》《列宁全集》到《建党以来重要文献选编》《建国以来重要文献选编》，爷爷的学术研究紧跟时代发展脉搏，关注学界理论前沿。

"理想，勤奋，毅力，进取"是爷爷的座右铭。爷爷曾反复提及这八个字有着深刻的思想内涵。理想，指的是要有崇高的志向、高尚的精神境界、宏伟的奋斗目标，有为研究和宣传马克思主义、发展社会科学，为我国的社会主义现代化建设事业做出贡献的雄心壮志，而不是鼠目寸光、胸无大志。一个人追求的目标越高，他才有可能发展得越快，对社会就越有益；一个没有理想的人，只能是忙忙碌碌、平平庸庸，人生的价值也就暗淡无光。马克思指出：科学决不是一种自私自利的享乐，有幸能够致力于科学研究的人，首先应该拿自己的学识为人类服务。伟大的理想，产生伟大的实践。理想是前进的动力、力量的源泉；也是自我鞭策的标杆，人生观、价值观的一种体现。勤奋，就是要奋发图强，孜孜不倦。最大限度地发挥主观能动作用，向时间要效益。勤奋是实现宏伟目标、奔向崇高理想的桥梁和渠道；如果没有勤奋精神，理想也只能是一纸空文，流于幻想，必将一事无成。毅力，就是要百折不挠，持之以恒。攀登科学高峰，绝非一日之功，不是短跑，而是马拉松；不是一帆风顺，而是崎岖曲折。不经一番寒彻骨，怎得梅花扑鼻香。一阵子劲足并不难，一曝十寒最无益，贵在坚持不懈，不畏艰险，坚韧不拔。不怕起点低，就怕无毅力。进取，就是要永不满足，决不停滞，胜不骄，败不馁，精益求精，不断前进。学海无涯，高峰无尽，只有不断进取的人，才能永葆青春，建功立业。爷爷在教学科研中躬行践履、以身作则，这个座右铭已深深铭记在学生们的心中,成为激励我们坚定理想、开拓进取、不懈奋斗的精神支柱和动力源泉。

"严谨求实,探索创新"是爷爷始终秉持的治学理念。爷爷有句名言:"离开严谨求实,不能称其为科学;没有探索创新,不能称其为研究。"他时常教诲我及学生,研究学问"要做到严谨求实,首先要扎扎实实地学习、读书。要多读书、勤思考、常议论、勤写作,以问题促进思考,以任务带动学习""广博的知识是一种潜在的能力和智慧。研究党史不能局限于掌握党史本身知识,必须扩大知识面,掌握与之相关的中外近现代史、中国近现代经济史、政治思想史、中外关系史、国际共运史、科学社会主义以及哲学、外语等学科知识。只有这样,党史研究才能高屋建瓴、开阔视野、论据充分、有所创见""只有大量掌握、占有第一手资料,才能产生思想,做到论从史出、言之有据、严谨求实。否则就是空谈,掌握文献乃是搞好科研的基石,是智慧开发的源泉,也是培养'严谨 求实 探索 创新'学风的基本途径""党史学科的最大特点是政治敏锐性强,论述要有依据,准确可信。查档案、历史文献宛如沙里淘金,有时为查清一个日期、人名或事件,不知花多少时日,甚至可能徒劳无获,然而这是科学的严肃性和责任感使然。探索创新,就是要解放思想,实事求是,吸纳百家之长,总结新经验,做出新的理论概括,提出新见解,拿出新成果""现代社会日新月异，指导学生必须与时俱进，不断更新自己的知识结构，用最新的科研成果不断提高教学质量，这样才能培养出高层次的人才"，等等。爷爷曾经说过的一句句真诚、质朴而又充满哲理的话语至今还在我耳畔萦绕，时刻激励着我奋发图强、求实创新。

"师者，传道授业解惑也"，这句话爷爷时刻牢记在心。他认为这句古训很精辟、很深刻、很有道理。"道"，用今天的话语来说，就是我们所说的"德"，即为人处世之道，例如怎么做人、怎么做事。"道"的内涵在中国的历史上，随着朝代变迁、统治阶级变化，内涵是有变化的。"道"是统治阶级的意识形态，如在中国的封建时代，尽管中国历史上有诸子百家，但是主导的思想，始终是儒家思想。"授业"，即是专业，教师就是要教给学生专业知识，高等学校更是如此。"解惑"，"惑"指学生的疑惑，有两大方面：一是知识上的疑惑；二是人生观、世界观的疑惑。他认为古训是有当代价值的，我们当代在继承古训的同时有了新发展，做出一个当代化的诠释，叫作"教书育人"。

"做教师，我的职责、使命就是教书育人，广育英才"，这是爷爷任教之初立下的誓言。他经常说："作为教师，我的价值追求、是非判断，对我的评价，我觉得都要由学生来决定。教师面对的对象是学生，学生每个人心里都有一杆秤，要让学生从内心深处、发自肺腑地感受到成长。从教师指导当中真正接受教义，才能使学生有获得感并得到学生的尊敬、敬佩。学生表面对老师都是客气、尊重的，我现在强调的理念是肺腑之言，这是判断教师价值的标准。学生内心世界明白，我是研究生，你是我的导师，但我3年的教育、学习启发不大，这种感受会有的。基于这样一个理念，教师如何真的让学生从内心佩服教师，成为对党、国家和人民有用之才，这需要教师的指导，特别是为人、做事、治学更是如此。"

在工作中"要坚持教学、科研、社会工作三结合"，这是爷爷多年来遵循的从教信条。他认为，教学和科研是高等学校的两个中心任务。对于一个高校教师来说，要做到学有成就，就要处理好教学与科研的关系。应以教学任务带动科研工作，以科研成果充实教学内容，提高教学质量，使两个方面互相促进，而不能只顾一个方面，忽视另一方面。在处理好教学与科研工作关系的同时，要以自己的教学、科研成果为社会服务，多出人才，多出成果，对于一个社会科学工作者来说如果协调得当，科研工作和社会工作是可以达到统一并互为补益的。

教育是心灵的播种，真正的教育家，没有一个不是心理学家的，社会科学研究是检验每一个学者理论与实践结合的最佳方式，爷爷几十年的努力，让我看到了：一个园丁不仅播种了春天，而且和春一同步入金秋。

◎ 红色基因　代代相传

我们一家三代人从事党史、党建的研究与教学工作，决不是简单意义上的子承父业，从爷爷到父亲，再到我，血液里天然地就孕育着和中国共产党血脉相连的红色基因。

长子郑晓雷，中共党员，宽城区委党校法学教师，毕生致力于宣传党规国法，先后在专业刊物上公开发表论文二十多篇，承担党校课程十余门，我父亲是1982年大学自考，本科毕业后自主择业到长春市中共宽城区委党校工作的，他初中未毕业就"上山下乡"，回到长春后又基本上是靠自学一步步从工人转到教师岗位，因此，他到党校工作之初面临的最大问题就是底子薄、压力大，对此他一度饱受困扰，甚至还打算重新回工厂上班。爷爷知道这件事后，一方面激励父亲，让他平时多读书，多听课，争取早日胜任教师岗位；另一方面还教导父亲怎样做一名合格的教师，把自己多年来积累的教学经验与他分享，同时在业务方面也给予一定的指导。为了能够迅速赶上来并适应工作需要，当时的父亲在业务上下了苦功夫，别人备一门课一个月，他就用两个月、三个月，为了保证授课质量，他翻阅了大量的相关书籍以拓展知识面，还经常向有教学经验的老教师请教，就这样在他的刻苦努力下，在爷爷的帮助下，父亲的业务水平得到了大幅度的提升。父亲刚参加工作时学校让他讲授中共党史、党的建设的相关课程，后来校领导鉴于他本科学的是法学专业，有一定的基础，又让他同时讲授法学课程，而他也在这个过程中得到了历练与提升，成长为一名党校教学骨干。

次子郑晓光，中共党员，长春大学美术学院教师，多年来从事国画、油画的教学与绘画，先后创作绘画作品一百余幅，其中包括红色题材的作品四十余幅，他的绘画作品先后在国内外获得多个奖项，2015年作品《铁血桥横》入选吉林省纪念长征80周年画展，2019年他的作品《郑德荣》参加由吉林省教育厅、东北师范大学联合举办的纪念新中国成立70周年画展，获得一等奖。

三子郑晓亮，中共党员，中共吉林省委党史研究室学术委员、处长、研究员，自参加党史工作以来被吉林省社科规划办聘为"吉林省社会科学规划基金立项评审专家"；被吉林省人民政府授予"吉林省中青年有突出贡献专业技术人才"荣誉称号；被国家人力资源和社会保障部、中央党史研究室授予"全国党史系统先进工作者"荣誉称号（享受省部级劳动模范待遇）。多年来他先后承担国家、省部级项目二十余项，在《光明日报》等国家、省级报刊发表各类文章一百多篇，主编、副主编、参编参著各类图书著作四十多部，文字量累计三百余万字，获省学会以上各种奖励累计四十多项。

我的爷爷
郑德荣

附录

附录

◎附录1：郑德荣年谱

郑德荣（1921—2018），是我国著名的中共党史专家，马克思主义中国化理论研究的推动者，中共党史学科的开拓者与奠基人之一。毕生致力于中共党史、马克思主义中国化、中国特色社会主义的研究与教学，著述宏富，桃李天下，享誉海内外。本部分分为六个阶段巡礼他早年求学和从教67年的学术思想历程，总结他为中共党史研究领域所做出的杰出贡献。

鸿蒙初辟

1926年（1岁）。 2月21日，农历丙寅虎年正月初九，生于吉林省延吉县龙井村。其父郑聘卿，早年读过几年私塾，后在邮局工作。母亲郑苏氏。

1931年（5岁）。 "九一八"事变爆发，父亲由延吉县龙井村邮局调任开山屯邮局工作，举家迁往开山屯，开山屯距龙井大约80里，是一个图们江的沿岸小农村，我的儿时童年就是在这里度过的。[1][2]

---

[1] 东北师范大学汇编：《郑德荣学术思想口述史》，未刊稿，第1页。
[2] 伪满时期实行公务人员调转制，搬家非常频繁，经常调换学校。

1934 年（8 岁）。4 月，入开山屯满民学校（小学）读书。以《百家姓》《千字文》《弟子规》开蒙。艰苦岁月中，倍加珍惜读书机会，在学业上对自己要求极其严格，经常诵读至深夜。①

1936 年（10 岁）。3 月，入东山国民学校（小学）读书。因刻苦用功，成绩突出，深得师长赞许与喜爱并被委任为班长，组织同学参加祭孔大典。②

1938 年（12 岁）。2 月，入郑家屯国民学校（小学）读书，上学往返需乘坐清油车③，后搬入龙井村旧宅居住。同年以优异的成绩完成 4 年国民学校的学习任务，获得由县长签发的小学毕业证书，顺利升入国民优质学校（高小）。

1939 年（13 岁）。3 月，入新兴国民优级学校（高小）读书。同年，投稿被哈尔滨《大北新报》采纳，接受记者采访，在儿童栏中刊登稿件、儿童介绍及照片，并获得报社的奖励。通读并背诵《古文观止》《四书》之类的传统书籍，因文采斐然，颇受师长们的夸奖。④

1940 年（14 岁）。12 月，以全校第一名的成绩完成高小学业，

---

① 郑德荣：《郑德荣自传》，手稿本，第 3 页。《郑德荣自传》系郑德荣教授早年亲笔撰写的档案材料。
② 东北师范大学汇编：《郑德荣学术思想口述史》，未刊稿，第 2 页。
③ 清油车就是单独的一节车厢开在铁路上，以清油作为燃料。
④ 郑德荣：《才者德之资 德者才之帅》，《郑德荣文存》第 3 卷，辽宁人民出版社 2006 年版，第 1251 页。

荣获由县长签发的国民优级毕业证书，举家迁往辽宁省铁岭市西丰县。

1941年（15岁）。2月，从辽宁省西丰县出发赴奉天参加中学入学考试。3月，入奉天第三国民高等学校（中学）读书，读书期间参加沈阳大南门外崇文馆补习《四书》《古文观止》等国文知识，《滕王阁序》那时背得很熟，还有《桃花源记》，都是那时候学的。①

1945年（19岁）。1月，入新京法政大学（大学）读书。②8月，与盖静安女士喜结连理。9月，肄业。10月，受聘于阜新县城小学任教。③12月，参加阜新县城小学组织的劳动锻炼，进入长春铁北一家工厂学习打铁技术，进一步了解到了工人生活的疾苦，收获颇丰。

1946年（20岁）。1月，任教于阜新市矿立太平小学。3月，入沈阳临时大学补习班学习。7月，入长春国立大学学习。10月，入长春大学法学院法律系学习。

1948年（22岁）。8月，在国共两党大决战的炮火中从国

---

① 东北师范大学汇编：《郑德荣学术思想口述史》，未刊稿，第14—15页。
② 1月入学，9月肄业。
③ 郑德荣：《郑德荣自传》，手稿本，第3页。

统区北上投奔解放区①。9月，入东北大学二部二班学习②，学习的方式以讲授为主，学习的内容包括两方面：一是要解决对中国共产党的认识；二是什么是社会主义苏联，什么是美帝国主义。③学习期间受到了无产阶级革命家、理论家、教育家成仿吾④、张松如（公木）⑤、智建中⑥等的影响开始初步接触并学习马克思主义。

1949年（23岁）。1月，赴蛟河农村劳动锻炼参与当地土改。3月，转入东北大学历史系学习。入学后曾一度自学弓弦乐器，尤其擅长小提琴。

1950年（24岁）。4月，东北大学改名为东北师范大学。5月，在东北师范大学加入新民主主义青年团并长期任学院团支部

---

① 郑德荣：《乐以终身治学科研 悦以毕生授业解惑——60年学术道路回顾》，《毛泽东邓小平理论研究》，2011年第8期。
② 东北大学于1946年2月在本溪建校，是中国共产党在东北地区创建的第一所综合性大学；1949年7月，定址于长春；1950年4月，更名为东北师范大学；1958年10月，东北师范大学划归吉林省管理，更名为吉林师范大学；1980年8月，恢复东北师范大学校名。文中提到的"二部二班"为过渡性质的短训班。
③ 东北师范大学汇编：《郑德荣学术思想口述史》，未刊稿，第28—29页。
④ 成仿吾（1897—1984），原名成灏，笔名石厚生、芳坞、澄实，出生在湖南省新化县知方团（今琅瑭乡）澧溪村一个知识分子家庭。是中国无产阶级革命家、忠诚的共产主义战士、新文化运动的重要代表、无产阶级教育家和社会科学家、文学家、翻译家。曾任东北师范大学校长兼党委书记。
⑤ 公木（1910—1998），原名张永年，又名张松甫、张松如，笔名有公木、木农等，河北省辛集市人，是中国著名诗人、学者、教育家，是《英雄赞歌》《八路军进行曲》的歌词作者。《八路军进行曲》1965年改名为《中国人民解放军进行曲》，1988年7月25日，被中共中央军事委员会确定为中国人民解放军军歌。
⑥ 智建中，江苏盐城人。1937年毕业于北京师范大学历史系。新中国成立后，历任东北师范大学教授、历史系主任、副教务长、研究部主任、副校长。曾任东北大学党委书记、教育长。

书记。通过系统的理论学习已经基本掌握了马克思主义的基本原理，同时对中共党史也有较全面的了解与认识。①

1951年（25岁）。随着学习的不断深入，阅读大量马列专著及革命进步书籍。如，《共产党宣言》（马克思、恩格斯）、《资本论》（马克思）、《法兰西阶级斗争》（马克思）、《反杜林论》（恩格斯）、《国家与革命》（列宁）、《共产主义运动中的"左派"幼稚病》（列宁）、《实践论》（毛泽东）、《矛盾论》（毛泽东）、《论联合政府》（毛泽东）等。②

1952年（26岁）。10月，接受组织安排提前毕业留校，任教于由东北师范大学原副校长智建中兼任主任的中国革命史直属教研室（实习教员），并任中国革命史研究生的配课教师兼辅导员。③

1953年（27岁）。10月，正式宣誓加入中国共产党，并任党支部委员。

1954年（28岁）。积极响应毛主席提出的"知识分子应与工农相结合"的号召，带领学生到开源修铁路、挖土方。出色完成了组织安排的任务。

---

① 东北师范大学汇编：《郑德荣学术思想口述史》。
② 郑德荣：《郑德荣自传》，未刊稿，第8页。
③ 1952年根据教育部《关于全国高等学校马克思列宁主义、毛泽东思想课程的指示》，学校决定成立中国革命史、马列主义基础、政治经济学、辩证唯物主义与历史唯物主义四个直属教研室。成仿吾、胡绍祖、智建中和王慎矢分别兼任教研室主任。

1955年（29岁）。 3月，积极响应党中央发出的《关于宣传唯物主义思想批判资产阶级唯心主义思想的指示》（简称"三一"指示），脱产参与了智建中承担的"批判唯心主义，宣传唯物主义"的社会报告任务，在集中备课期间为了批判胡适学术思想上的唯心主义，通读《胡适文存》，了解了胡适的学术思想，认识到胡适的唯心主义究竟是什么，业务水平得到提升。[①] 在集中备课期间业务水平得到提升。[②] 5月，作为青年教师党员赴西安、陕北、铜川进行调研。

初现锋芒

1956年（30岁）。 本年，系统阅读了《毛泽东选集》（四卷本）、《中国共产党的三十年》（胡乔木）、《中国新民主主义革命史》（胡华）、《党的文献资料》（中央党校）等书籍。5月，中国革命史教研室并入东北师范大学政治系。7月，任东北师范大学马列主义教研室副主任。8月，晋级讲师，正式登上讲台。10月，给长春市宽城区党委业大宣讲马列课[③]，由于表达口齿清晰、理论讲解精辟博得了业大学生的欢迎，业大学生反映强烈，

[①] 东北师范大学汇编：《郑德荣学术思想口述史》。
[②] 东北师范大学汇编：《郑德荣学术思想口述史》。
[③] 所谓业大就是业余学习马列大学，新中国成立初期各机关单位都设有业余大学，所有职工都要上业大。

要求郑老师继续讲！① 11月，出版第一本理论著作《中国共产党是怎样建立起来的》②（吉林人民出版社）。

1958年（32岁）。2月，带领东北师范大学政治系学生进行社会实践，创建南岭人民公社，对人民公社有了更深入的了解与认识。8月，带领政治系学生参加长春市新立城水库的修建工作，主要工作是挖土、修坝，劳动锻炼树立了劳动观点，增强了劳动光荣观念，培育了对劳动人民的情感。③

1959年（33岁）。参加由吉林省委宣传部主持的大编教材编写工作。④

1960年（34岁）。8月，参加东北局宣传部主持的中共党史教材编写工作，任主笔人，编写教材期间赴北京学习、访问专家，曾先后到中央党校和解放军政治学院进行访学。发表《学习毛泽东同志关于无产阶级专政学说——读"论人民民主专政"一文的几点体会》《毛泽东同志对马克思列宁主义的不断革命论和革命发展阶段论的光辉发展》等文章。

1961年（35岁）。上半年，参与筹建吉林师范大学直属马

---

① 郑德荣：《郑德荣学术思想口述史》。
② 此书为郑德荣教授生平第一部理论著作具有巨大的理论价值与纪念价值，另据郑德荣教授回忆书名是《中国共产党是怎样诞生的》，经过作者考证与确认，书名应为《中国共产党是怎样建立起来的》。
③ 郑德荣：《郑德荣学术思想口述史》。
④ 所谓的大编教材指的是哲学、科学社会主义、政治经济学、中国革命史四门马列课的教材，是在中宣部的统一部署下由各省宣传部组织专人编写。

列教研室（任副主任、主持工作）。下半年，结合中央制定的《高教六十条》集中开展两项工作：一是承担大课堂教学任务；二是负责起草教师队伍建设规划方案，方案中强调马列教师必须过五关①，因工作态度积极认真，成绩突出，被学校誉为"又红又专"的教师代表。

1963年（37岁）。公开发表《我为人人 人人为我》（《吉林日报》）。出版教材《中国共产党历史讲义（试用本）》②（辽宁人民出版社）。

1964年（38岁）。7月，作为吉林省唯一的高校教师代表出席全国政治理论课教师代表会议，参会期间受到毛泽东、周恩来等党和国家领导人接见，并合影留念。③

峥嵘岁月

1966年（40岁）。被造反派认定为当权派、修正路线的执行者，受到冲击。

1967年（41岁）。因主持制定的"吉林师范大学教师队伍

---

① "五关"分别是外语关、经典著作关、教学关、科研关、古汉语关。
② 该书以"东北地区《中国共产党历史讲义》编委会"署名出版发行，郑德荣教授为主笔人之一。本书提到的著作有合著、主笔、主编、独著之分，论文也有独撰、合撰之分。
③ 郑德荣：《乐以终身治学科研 悦以毕业授业解惑——60年学术道路回顾》，《毛泽东邓小平理论研究》，2011年第8期。

建设规划方案"再次被看作是修正主义教育路线的"大毒草"而遭到造反派多次批斗。[①]

1971年（45岁）。3月，吉林师范大学政治系举办工农兵示范班，适逢大批教师下乡插队，在即将出发时被告知以受监督控制使用的教师身份留下参加办班。7月，到吉林永吉县口前公社大河川大队开门办学，向刚刚招收的工农兵学员授课[②]。

1972年（46岁）。2月，出版著作《历史（中国现代史）》（吉林人民出版社）。

1973年（47岁）。下半年，响应毛泽东同志的号召，主持编写《中国共产党十次路线斗争史》。该书不仅在校内讲课用，而且成为辽宁省干部学习班的学习教材，流传甚广。[③]

1977年（51岁）。7月，出版著作《〈毛泽东选集〉一至四卷简介》《〈毛泽东选集〉第五卷简介》[④]（吉林人民出版社）。

红霞满天

1978年（52岁）。1月，参加由国家教委主持的《中国共

---

① 据《郑德荣学术思想口述史》记载，1966—1971年郑德荣先生先后被造反派批斗34次。
② 郑德荣：《郑德荣学术思想口述史》。
③ 东北师范大学汇编：《郑德荣学术思想口述史》，未刊稿，第52页。
④ 《〈毛泽东选集〉第五卷简介》，以吉林师范大学《毛泽东选集》简介编写组的署名发行，郑德荣教授为主笔人之一。

产党史教学大纲》和《中国革命史教学大纲》的编写工作（任组长），是两名召集人、统稿人之一。9月，招收全国首批三年制硕士研究生。发表论文《假左真右是无产阶级专政下修正主义的一个显著特征——第十一次路线斗争一些历史经验的初步探讨》等。全年共招收硕士研究生八人：吴敏先、吴殿尧、邹洪学、冯连举、阎治才、李卫东、孔繁政、阿明布和。

1979年（53岁）。7月，教育部在武汉召开政治理论教材评审会，在会议召开期间与会人员共提交党史教材17部，《中国共产党历史讲义》经群众路线评审，教育部最后审定，确定为全国高校文科通用教材，并在会上发言。8月，晋级副教授。11月，在教育部召开课程改革和教材建设会议被指定做大会报告和发言，意见被重视并采纳。出版著作《重庆谈判》[①]（吉林人民出版社）。

1980年（54岁）。4月，被借调到中共中央党史研究室，参加由中共中央党史研究室主持编著的《中国共产党历史（民主革命时期）》和《中共党史大事年表》编写工作，任土地革命战争时期编写组副组长，主持工作[②]。7月，中国中共党史学会成立，郑德荣教授任常务理事，并同时兼任学会下设的毛泽东思想

---
① 《重庆谈判》，由郑德荣、黄景芳、孙友葵合著完成。
② 郑德荣：《乐以终身治学科研 悦以毕业授业解惑——60年学术道路回顾》，《毛泽东邓小平理论研究》，2011年第8期。

专业委员会副主任。同月，应邀参加教育部在哈尔滨召开的北方十七省教材建设会议，会上做了题为《以历史唯物主义的观点，构建中共党史教材体系》的学术报告。11月，任吉林省中共党史学会理事长。发表论文《党内斗争历史经验初探》。出版教材《中国共产党历史教学大纲》（民主革命部分）（中国人民大学出版社）、《中国共产党历史讲义》①（吉林人民出版社）。

1981年（55岁）。5月，东北师范大学毛泽东思想研究所正式挂牌成立，郑德荣任所长。10月，赴四川成都参加中国中共党史学会年会，在会上做了题为《周恩来同志在反对和纠正立三路线中的历史功绩》的大会发言。发表论文《周恩来同志在反对和纠正立三路线中的历史功绩》《略论共产国际与李立三的左倾机会主义》《毛泽东思想是我们事业胜利的指针》等。《略论共产国际与李立三的左倾机会主义》一文关于共产国际与李立三"左"倾错误分歧的性质的论述，改变了传统观点，经老一辈党史学家廖盖隆、胡华鉴定，被认为对党史研究有建树。借调期间，通过查阅原始档案资料，考证清楚宁都会议的召开时间为1932

---

① 《中国共产党历史讲义》，由郑德荣、朱阳合著完成；《中国共产党历史讲义》是党的十一届三中全会以后全国推出最早、影响最广并受到国内外学者重视的教材之一，该书先后五次再版，发行百万册。中国人民大学胡华教授认为本书是"迄今为止比较系统和完整的党史教科书，社会主义时期这部分本来很难写，本讲义做了很大努力。在内容上吸收了党史界最新的学术成果，结构严谨，文字通顺，是迄今为止比较系统和完整的党史教科书"。1980年荣获省优秀成果奖、北方十五省市优秀图书奖；1988年荣获吉林省首届社会科学优秀成果奖。

年10月，被中共中央党史研究室1981年编辑出版的《中共党史大事年表》所采纳。

1982年（56岁）。3月，赴首都师范大学讲授《党史教材怎样编写》。5月，赴中国人民大学为党史系教师讲授《关于张国焘"密电"事件的定性问题》。7月，参加中央党史委员会与中共中央党史研究室联合主办的纪念建党61周年庆祝大会。会上，因教学质量高、科研成果多被评为党史先进工作者。大会对郑德荣的评价是：一是教学质量高，二是科研成果多。①发表论文《宁都会议与中央苏区第四次反"围剿"的军事方针》《略论农村包围城市道路理论的形成》等。

1983年（57岁）。2月，受邀前往由教育部政教司主办的，全国高等学校党史教师见习班进行专题辅导授课。3月，被评为教授，成为全国四名党史教授之一。6月，任东北师范大学副校长，主管教学与文科科研工作。8月，任中共吉林省社会科学联合会副主席。9月，赴兰州为甘肃社会科学工作者讲授《毛泽东思想及其历史地位》。11月，参加由中共中央党史研究室、全国中共党史研究会在广西南宁召开的"全国毛泽东思想讨论会暨全国中共党史研究会第四届学术年会"，做《毛泽东思想的形成发展与反对教条主义》的大会发言。12月，赴西安为西北四

---

① 东北师范大学汇编：《郑德荣学术思想口述史》。

所院校教材联合编写会讲授《关于党史教材编写规范相关问题》。同月，参加中国中共党史学会举办的"共产国际与中国革命关系研讨会"，做《略论共产国际与李立三"左"倾冒险主义》的大会发言。发表论文《共产国际与中国党的三次"左"倾错误》《共产国际与党的六届四中全会》《毛泽东思想的形成发展与两条战线斗争》等。出版著作《毛泽东思想发展史讲座（新民主主义革命时期）》①（甘肃人民出版社）、《毛泽东思想史稿（新民主主义革命时期）》②（甘肃人民出版社）。《毛泽东思想史稿（新民主主义革命时期）》一书是国内最早研究毛泽东思想的专著，开创了毛泽东思想史科学体系的先河，修订本由中央办公厅呈送政治局委员阅看。《光明日报》发表文章评介该书"是目前比较系统地阐释毛泽东思想史的一部书稿"。全年共招收硕士研究生两人：董世明、杨颖奇。

1984年（58岁）。1月，任中共大连市委党校兼职教授。公开发表《毛泽东思想的形成发展与反对教条主义》③。出版教

---

　①《毛泽东思想发展史讲座（新民主主义革命时期）》，由郑德荣、黄景芳、陈一华合著完成。
　②《毛泽东思想史稿（新民主主义革命时期）》，由郑德荣、黄景芳合著完成。1983年3月，荣获吉林省党史学会一等奖，甘肃省政府、省委、吉林省优秀成果奖，东北师范大学优秀成果奖；1984年5月，荣获教育部首届社会科学马克思主义研究二等奖；1985年3月，参加在香港举办的书展；1986年3月，荣获中共甘肃省委、省政府授予的甘肃省优秀图书奖；1988年4月，荣获吉林省首届社会科学优秀成果奖。
　③《毛泽东思想的形成发展与反对教条主义》，1988年4月，荣获吉林省首届社会科学优秀成果奖。

材《中国共产党历史教学大纲》①（中国人民大学出版社）、《中国共产党历史讲义》②（朝语版）（韩国出版社）。

1985年（59岁）。7月，应邀参加教育部组织召开的"政治课中共党史改革会议"，做《关于中共党史课改为中国革命史课的几个问题》③的大会发言，部分发言内容被教育部采纳。8月，参加由中央党校、中共党史研究室、全国党史研究会联合主办的，在北京中央党校举行的抗日战争胜利40周年学术研讨会，并做大会发言。发表论文《遵义会议是毛泽东思想从形成到成熟的新起点》《关于中共党史课改为中国革命史课的几个问题》等。出版教材、著作《中共党史教程》④（高等教育出版社）、《毛泽东思想史稿（社会主义时期）》⑤（甘肃人民出版社）、《中共党史重点问题答疑（社会主义时期）》⑥（黑龙江人民出版社）。

---

①《中国共产党历史教学大纲》，以教育部政治思想教育司署名，郑德荣教授为执笔人之一。该文被《解放日报》社主办的《新论》转载于1983年12期；收入由中共中央党史研究室、全国党史研究会编辑，广西人民出版社出版的《坚持和发展毛泽东思想》一书。
②《中国共产党历史讲义》，由郑德荣、朱阳合著。
③此发言稿会后被解放军总政治部在石家庄召开的教材工作会议上，印发给与会者，要求总政系统九十几所高校编写中国革命史教材，都要以这个发言稿为依据，此事系总政负责教材主编统稿的邵维正少将告知。
④《中共党史教程》是全国广播教材，被《中共党史史学史》载入史册，认为"是80年代较少的从中共建党写至1987年中共十三大的党史教材，也是打破传统框框，提出新体系的著作""反映了中共党史研究科学化的趋势"。1991年7月，荣获吉林省中共党史学会1989年度优秀科研成果一等奖。
⑤《毛泽东思想史稿（社会主义时期）》，由郑德荣、黄景芳合著；1985年3月，荣获甘肃省优秀成果奖，吉林省优秀成果一等奖；1986年3月，荣获中共甘肃省委、省政府授予的甘肃省优秀图书奖；1988年3月，荣获吉林省首届社会科学优秀成果奖。
⑥《中共党史重点问题答疑》，由郑德荣、朱阳合著完成。

全年招收硕士研究生四人：关志钢、刘建武、齐仁庆、欧阳国庆。

1986年（60岁）。5月，参加由教育部组织召开的课程改革和教材建设会议。6月，被评为博士研究生导师，成为全国高校最早的三个中共党史博士点之一的奠基人；同月，受邀参加由教育部主办的"全国高等函授教育工作会议"，做了题为《适应发展基础需要，努力办好高师函授教育》的大会发言。8月，任吉林省高等学校教师职务评审委员会政治理论课学科评议组成员。9月，参加在美国伊利诺伊州举行的"纪念西安事变50周年国际学术研讨会"，做《中国共产党在西安事变和平解决中的地位和作用》的大会发言，得到台湾《传记文学》长篇报道。[①]10月，受邀为广东省内高校及就近区域高校的党史教师做题为《关于参加国际学术会议的信息，对西安事变的研究状况，以及我的见解》[②]的学术报告。11月，任吉林省人民政府高级系列、高级职务评审委员会委员。公开发表《把培养研究生独立研究能力放在首位》（收录于《东北师范大学研究生培养经验汇编》）、《论毛泽东思想的成熟及其在全党指导地位的确立》[③]等。出版著作

---

① 东北师范大学汇编：《郑德荣学术思想口述史》，未刊稿。
② 东北师范大学汇编：《郑德荣学术思想口述史》，未刊稿。
③《论毛泽东思想的成熟及其在全党指导地位的确立》，1986年4月，荣获吉林省首届社会科学优秀成果奖。

《新中国纪事（1949—1984）》①（东北师范大学出版社）、《中国革命史纲》②（中国展望出版社）。立项主持国家教委"七五"文科教科书编选计划项目"国共政权十年对峙史"。③

老骥伏枥

1987年（61岁）。6月，参加由教育部组织在东北师范大学召开的"高等学校中共党史课教学改革座谈会"，做大会发言。8月，任吉林省社会主义学院兼职教授。9月，开始招收首批全日制博士研究生。发表论文《中国共产党与西安事变》《历史的启迪——纪念"七七"事变五十年》等。出版著作《中国社会主义建设》④（黑龙江教育出版社）、《中国革命史教程》⑤（吉林人民出版社）、《马克思主义百科词典（上）》⑥（东北师范大学出版社）、《中国经济体制改革纪事》（黑龙江人民出版社）⑦。

---

①《新中国纪事（1949—1984）》，由郑德荣、朱阳、邵鹏文、顾民主编；1988年1月，荣获东北师范大学优秀科研成果奖；1988年5月，荣获吉林省1982—1986年度优秀成果一等奖。

②《中国革命史纲》，由郑德荣、朱建华、顾敏合著完成；1988年3月，荣获东北师范大学优秀科研成果奖。

③此项目的最终成果《国共政权十年对峙史》获得吉林省中共党史学会一等奖。

④《中国社会主义建设》，由郑德荣、朱阳、曹序合著完成。

⑤《中国革命史教程》，由郑德荣、朱阳合著完成；高等学校本科、专科、卫星电视教育、教育学院和函授教材，1989年第1版，2001年第14次印刷；1987年荣获北方十五省市优秀图书奖。1988年2月，荣获东北师范大学优秀科研成果奖。

⑥《马克思主义百科词典（上）》，由于俊文、王家俊、郑德荣、赵邨方编著完成；1987年荣获吉林省优秀图书奖，东北师范大学优秀成果奖。

⑦《中国经济体制改革纪事》，由郑德荣、韩明希、郑晓亮合著完成。

全年共招收博士研究生一人：董世明。

1988年（62岁）。发表论文《关于"两次历史性飞跃"的几点认识》《国民党派系的角逐与南京政府在全国统治的建立》《中共抗日民族统一战线政策与西安事变》《两次历史性飞跃的启迪》①《〈东北解放区财政经济史稿〉评介》等。出版著作《毛泽东思想概论》②（东北师范大学出版社）、《马克思主义百科词典（中）》③（东北师范大学出版社）。

《毛泽东思想概论》一书"是最早一部创立概论体系的著作，广为高校、中央党校及各级党校采用，多次被列为《光明日报》高校征购教材书目，获教育部优秀著作一等奖，至2005年9月已13次印刷。"④全年共招收博士研究生两人：张喜德、曲庆彪。

1989年（63岁）。发表论文《试论"两次历史性飞跃"的基本经验》《认真汲取马克思主义与中国实践相结合的历史经

---

① 《两次历史性飞跃的启迪》，荣获东北师范大学优秀论文奖，吉林省中共党史学会优秀论文一等奖。
② 《毛泽东思想概论》，由郑德荣、黄景芳合著完成；1988年荣获东北师范大学优秀科研成果奖，吉林省中共党史学会优秀成果一等奖；1992年5月，荣获吉林省社会科学优秀成果一等奖；1992年10月，荣获由国家教育委员会授予的国家高等学校出版社优秀学术专著优秀奖；1992年4月，荣获教育部优秀著作一等奖；2011年4月，荣获吉林省首届社会科学基金项目优秀成果奖著作类一等奖。
③ 《马克思主义百科词典（中）》，由于俊文、王家俊、郑德荣、赵郁方编著完成。
④ 程舒伟：《严谨求实，探索创新——郑德荣教授学术思想评介》，《社会科学战线》第3期。

验——对第二次历史性飞跃的探讨》①《略论马克思主义与中国实践相结合的第二次历史性飞跃》②《从"九一八"到"七七"日本侵华政策剖析》《第二次历史性飞跃是毛泽东思想科学体系的新发展》。出版著作《中国十年改革概览》③（中国展望出版社）、《中共党史教程》④（高等教育出版社）。全年共招收博士研究生两人：李蓉、汤丽霞。

1990年（64岁）。4月，任中共吉林省委重大决策咨询组成员。6月，被东北师范大学评为校级优秀共产党员。8月，被美国国际传记机构编入世界名人录。11月，荣获东北师范大学1989—1990学年优秀科研工作者奖。发表论文《日本侵华政策剖析》《治学之道语丝》《有益的尝试 丰满的硕果》《帝国主义本质不容忘记——纪念火烧圆明园130周年》《历史规律不可抗拒——纪念鸦片战争150年》。出版著作《国共政权十年对峙史（1927—1937）》（高等教育出版社）、《中国革命纪事》⑤（东北师范大学出版社）、《毛泽东思想发展史（上）》⑥（吉林大

---

① 1989年6月，荣获东北师范大学优秀科研成果奖，1991年7月，荣获吉林省中共党史学会1989年度优秀科研成果一等奖。
② 《略论马克思主义与中国实践相结合的第二次历史性飞跃》，1992年5月，荣获吉林省社会科学优秀成果二等奖。
③ 《中国十年改革概览》，由谷长春、郑德荣合著。
④ 《中共党史教程》，由郑德荣、郭彬蔚合著完成；1991年2月，荣获吉林省1989年度优秀科研成果一等奖。此书被教育部指定为"全国广播教材"。
⑤ 《中国革命纪事》，由郑德荣、王维礼合著。
⑥ 《毛泽东思想发展史（上）》，由郑德荣、柏福临、王作坤主编。

学出版社)、《马克思主义百科词典(下)》①(东北师范大学出版社)。立项主持国家"七五"社科规划项目"延安时期毛泽东思想研究"②。全年共招收博士研究生三人：董志铭、于海生、彭明榜。

1991年(65岁)。9月，荣获国务院颁发的政府特殊津贴及证书。主持的毛泽东思想研究所在国家教委所属院校147个社会科学研究机构评估中荣列榜首；荣获吉林省人民政府颁发的优秀教师奖。12月，参加全国毛泽东思想研究综述研讨会，并做大会交流发言。发表论文《中国特色社会主义的由来和依据》《试析新民主主义与中国特色社会主义的必然联系》《毛泽东的社会主义观与中国特色的社会主义理论》《马克思主义与中国实际相结合的历程及其经验》《"九一八"事变的历史启迪》《新民主主义理论纵横观》《马克思主义与中国实际相结合是中国共产党领导中国革命建设事业成功之经验》《毛泽东思想纵横观》《论马克思主义与革命和建设实际相结合的历史经验》《郑德荣教授：把培养独立科研能力贯穿于指导博士研究生工作的始终》《认真学习党的历史　深刻把握党的基本经验》《加强知识分子党员马克思主义教育是高校党建工作的根本任务》等。《反对教条主

---

① 《马克思主义百科词典(下)》，由于俊文、王家俊、郑德荣、赵邯方编著完成。
② 此课题获得吉林省中共党史学会一等奖。

义是毛泽东思想形成发展的一个重要历史特点》一文荣获中国中共党史学会颁发的纪念中国共产党成立70周年党史优秀论文一等奖。出版著作《毛泽东思想发展史（下）》①（吉林大学出版社）、《中国革命史教科书》②（高等教育出版社）、《中国革命史长编（上、下）》③（吉林人民出版社）。全年共招收博士研究生两人：鲁广锦、刘喜发。

1992年（66岁）。3月，被东北师范大学评为年度先进工作者。5月，任中国革命根据地史丛书编委会主任。7月，赴北京为教育部、解放军总政治部举办的全国党史教师讲习班讲学。8月，参加由吉林省中共党史研究室主办的"吉林省纪念延安整风50周年研讨会"，做大会主题发言。12月，任哈尔滨师范大学兼职教授。发表论文《中国革命根本经验的科学总结——学习江泽民同志"七一"讲话》《中国特色革命道路论析——兼谈新民主主义理论的历史地位》《毛泽东对民主革命时期国情的分析和研究》《毛泽东新民主主义革命理论研究述评》《知识分子必须走与工农群众相结合的道路——浅谈〈在延安文艺座谈会上的讲话〉的现实意义》《抗日战争与毛泽东思想科学体系的形成》

---

① 《毛泽东思想发展史（下）》，由郑德荣、柏福临、王作坤主编。
② 《中共革命史教科书》，由郑德荣主编，此书受教育部委派，高等教育出版社组织编写，作为中国革命史全国高校政教系中国革命史专业课教材。1995年7月，荣获东北师范大学优秀教材奖。
③ 《中国革命史长编（上下）》，由郑德荣、朱阳合著完成。

《毛泽东思想科学体系试析》《毛泽东农村根据地战略思想论析》①等。《延安整风与新时期党的建设》一文荣获吉林省纪念延安整风50周年理论征文优秀论文一等奖。立项主持吉林省哲学社会科学基金（重点委托）项目"毛泽东思想概论"。全年共招收博士研究生三人：聂月岩、魏晓东、刘进喜。

1993年（67岁）。12月，参加由中国党史学会在人民大会堂举办的"毛泽东生平和思想研讨会"；荣获曾宪梓教育基金会授予的高等师范院校教师奖。发表论文《毛泽东与马克思主义中国化论析》②《毛泽东思想继承与发展的历史丰碑》③《共产国际与马克思主义中国化》《坚持社会主义思想文化建设的正确方向——重读〈在延安文艺座谈会上的讲话〉》《毛泽东对马克思主义中国化的卓越贡献》④《毛泽东经济思想中的几个问题》等。出版著作《延安时期与毛泽东思想》⑤（东北师范大学出版社）、

---

① 《毛泽东农村根据地战略思想论析》，1992年5月，荣获东北师范大学优秀科研成果奖。
② 《毛泽东与马克思主义中国化论析》，1993年12月，荣获吉林省纪念毛泽东100周年诞辰学术讨论会征文一等奖。
③ 《毛泽东思想继承与发展的历史丰碑》，1993年12月，荣获"毛泽东思想与有中国特色社会主义"全国征文最佳论文奖。
④ 《毛泽东对马克思主义中国化的卓越贡献》，1994年3月，荣获纪念毛泽东100周年诞辰雄宝杯"毛泽东与中国"有奖征文三等奖；1994年12月，荣获吉林省中共党史学会1993年度优秀科研成果一等奖；1995年12月，荣获吉林省第三届社会科学优秀成果一等奖。
⑤ 《延安时期与毛泽东思想》，1993年5月，荣获东北师范大学优秀科研成果奖。

《毛泽东思想论纲（上中下）》[①]（甘肃人民出版社）、《毛泽东与中国》（吉林人民出版社）。立项主持国家教委"八五"社科规划项目"毛泽东思想科学体系论"、吉林省哲学社会科学基金（重点委托）项目"毛泽东思想论纲"。全年共招收博士研究生两人：贾淑文、张亚斌。

1994年（68岁）。 3月，参加"吉林省学术代表团"，赴俄罗斯科学院远东分院进行学术交流。4月，被东北师范大学授予"东北师范大学模范教师"荣誉称号；任陕西师范大学兼职教授。5月，任东北师范大学邓小平建设有中国特色社会主义理论研究中心顾问。7月，被长春市人民政府授予"长春市劳动模范"荣誉称号。发表论文《邓小平是怎样对待毛泽东领袖地位的》《毛泽东经济思想中的几个基本问题》《中国抗日战争在世界反法西斯战争中的地位和作用》《关于改造与发展私有经济两种不同政策的论析》《正确对待和科学评价革命领袖的光辉典范》。全年共招收博士研究生两人：夏学平、匡萃冶。

1995年（69岁）。 3月，任吉林省社会科学优秀成果评审

[①]《毛泽东思想论纲（上中下）》一书有三个显著特点：首先是这部著作的体系完整、架构科学，其次是这部著作的观点鲜明、论述透彻，最后是这部著作的视野开阔、内容新颖，是一部从毛泽东思想科学体系及其发展的总体上，比较全面、系统、严谨地论述和评介毛泽东思想的专著，是颇具有自己特点，很有力度，内容十分丰富而又大量反映了学术研究最新成果的学术专著。1994年12月，荣获吉林省1993年度优秀科研成果一等奖；1995年12月，荣获吉林省第三届社会科学优秀成果一等奖；1998年10月，荣获教育部人文社会科学研究优秀成果奖。

委员会副主任委员。6月,受邀在南开大学主持1995届博士论文答辩;参加由教育部组织的"教育部首届社会科学成果评审会"。7月,受邀参加"上海市纪念抗日战争50周年学术研讨会"。发表论文《略论毛泽东的独立自主思想》《略论邓小平初级阶段的论断》《抗日战争胜利的历史地位及其作用》《历史的回顾——遵义会议,中国共产党历史上生死攸关的转折点》《论中国抗日战争的历史地位》[①]《中国抗日战争对世界反法西斯战争的卓越贡献》《抗日战争的胜利与中华民族的崛起》《抗日战争时期国共两党围绕三民主义的一场论战》等。全年共招收博士研究生两人:孙立祥、邢华。

1996年(70岁)。6月,任吉林省社科"九五"规划马列·社科学科规划组成员。9月,任吉林省邓小平理论研究中心副会长。11月,任吉林省人民政府、高教系列、高级职务评审委员会委员。12月,参加由全国政协文史学习委员会与陕西省政协联合举办的纪念西安事变60周年学术讨论会,做题为《西安事变若干问题的新思考》的大会发言。[②]发表论文《光辉的业绩宝贵的经验》《经历三个严峻考验的英雄史篇——纪念红军长征胜利60周年》

---

① 《论中国抗日战争的历史地位》,1995年7月,荣获吉林省纪念抗日战争胜利50周年学术讨论会最佳论文奖。

② 郑德荣教授在学术大会上第一个发言,根据第一手资料,有理有据地论述、澄清了几个重要的历史认识问题,体现了传统史学"誉人不溢其美,毁人不增其恶"的美德。

《邓小平对传统社会主义观的重大突破》等。《党的"八大"与建设中国特色社会主义理论指导地位的确定》一文入选中共中央"纪念党的八大召开40周年学术讨论会"。立项主持国家教委"八五"社科规划项目《毛泽东思想体系论》。全年共招收博士研究生两人：孔德生、张红。

1997年（71岁）。 12月，应邀参加由中共中央党史研究室召开的"《中国共产党历史（上卷）》修订工作会座谈会"；任《党史研究与教学》杂志特约编审。发表论文《共产国际在两次国共合作中的作用评析》[①]《邓小平爱国主义思想的特征》《初级阶段论是马克思主义理论的发展和完善》等。出版著作《毛泽东与马克思主义中国化》[②]（东北师范大学出版社）、《毛泽东思想科学体系论》[③]（吉林人民出版社）。立项主持国家"八五"社科规划项目"毛泽东与马克思主义中国化"。[④] 全年共招收博士研究生两人：刘世华、薛忠义。

1998年（72岁）。 2月，应邀参加"天津市纪念周恩来同

[①]《共产国际在两次国共合作中的作用评析》，《人大复印报刊资料》1997年第3期全文转载。

[②]《毛泽东与马克思主义中国化》，1997年12月，荣获吉林省1997年度优秀科研成果一等奖；1997年12月，荣获东北师范大学第一届优秀社会科学著作一等奖；1997年12月，荣获吉林省中共党史学会年度优秀科研成果一等奖。

[③]《毛泽东思想科学体系论》，由郑德荣、田克勤合著完成。

[④] 此课题最终成果《毛泽东与马克思主义中国化》获东北师范大学首届社科著作一等奖。

志 100 周年诞辰暨第二届周恩来研究国际学术讨论会"。5月，任吉林省中共党史学会名誉会长。发表论文《毛泽东与马克思主义中国化》①《对我国国情和历史方位的科学论断》《30年代初的周恩来与共产国际》②《社会主义初级阶段理论是警右、防"左"的基石》《迈向社会主义现代化的历史丰碑》等。《社会主义初级阶段与党的基本路线》入选全国高校纪念中国共产党十一届三中全会20周年理论研讨会。立项主持教育部"九五"第二批规划项目：《二十世纪中国历史上的三次巨大变革研究》。全年共招收博士研究生一人：程舒伟。

1999年（73岁）。3月，被教育部评为荣誉（终身）教授。5月，参加中国中共党史学会常务理事全体会议。9月，应邀参加"回首50年展望新世纪——吉林省纪念新中国成立50周年理论研讨会"。10月，应邀参加中央党史研究室、中国中共党史学会"庆祝建国50周年学术研讨会"。11月，应邀参加中共中央党史研究室召开的"全国党史研究主任会议"。发表论文《毛泽东思想与邓小平理论比较研究》③《马克思主义中国化的伟大

---

① 《毛泽东与马克思主义中国化》，1998年1月，被《高校文科学报文摘》摘要转载。
② 《30年代初的周恩来与共产国际》，1999年4月，天津市人民政府、南开大学第二届周恩来国际学术研讨会入选论文，编入《中外学者再论周恩来》。
③ 《毛泽东思想与邓小平理论研究》，人大复印报刊资料《毛泽东思想研究》1999年第3期全文转载。

旗手与奠基人——毛泽东》①《中国共产党领导的中国两次历史巨变比较研究》②等。出版著作《社会主义初级阶段论》③（山东人民出版社）、《天地中国》（陕西人民出版社）、《郑德荣自选集》④（吉林人民出版社）。《毛泽东思想与邓小平理论比较研究》，荣获由中共中央党史研究室、中国中央党史学会主办的"全国党史系统纪念十一届三中全会召开20周年学术讨论会"入选论文。《中国共产党领导的中国两次历史巨变比较研究》一文获由中共中央党史研究室、中国中共党史学会举办的"第二次全国社会主义时期中共党史学术讨论会"入选论文。立项主持教育部"九五"社科规划项目"20世纪中国社会三次历史巨变比较研究"。全年共招收博士研究生一人：王晶。

2000年（74岁）。9月，被吉林省教育厅评为全省教育系统师德模范。公开发表《毛泽东"新民主主义的资本主义"思想

---

① 《马克思主义中国化的伟大旗手与奠基人——毛泽东》，人大复印报刊资料《毛泽东思想研究》1999年第4期全文转载。
② 《中国共产党领导的中国两次历史巨变比较研究》，1999年9月，荣获吉林省纪念新中国成立50周年理论研讨会一等奖；1999年11月，荣获中共中央第二次全国社会主义时期中共党史学术研讨会入选论文；2002年1月，荣获吉林省纪念新中国成立50年优秀论文一等奖。1999年9月9日，《吉林日报》全文转载。
③ 《社会主义初级阶段论》，1999年12月，荣获东北师范大学1999年度科研成果奖；2000年12月，荣获东北师范大学第二届社会科学著作一等奖；2000年7月，荣获东北师范大学政法学院1999年度科研成果奖；2002年3月，丛书荣获第十二届中国图书奖。
④ 《郑德荣自选集》，1999年中共吉林省委宣传部文化基金资助项目。2000年12月，荣获东北师范大学第二届优秀社会科学著作一等奖；2007年7月，荣获东北师范大学政法学院年度科研成果奖。

述略》《马克思主义指导中国革命的真谛》。出版著作《中国共产党优良作风鉴览（基本理论）》（吉林人民出版社）。全年共招收博士研究生一人：李洪河。

2001年（75岁）。5月，被吉林省人民政府授予"吉林省教育系统师德模范"荣誉称号。6月，应邀参加教育部"全国高校纪念中国共产党成立80周年学术研讨会"。7月，应邀参加中组部、中宣部等召开的"纪念中国共产党成立80周年学术研讨会"。发表论文《增强理论工作实效性的几点思考》《全面研究中国共产党与中国农民经济关系的创新之作——〈中国共产党与中国农民〉评介》《中国共产党80年奋斗的历史本质》[①]《中国现代化历程与"三个代表"》《中国共产党与中国现代化》《旗帜的高扬道路的开拓》《学海无涯治学有术》《中国共产党关于新民主主义革命发展战略与"三个代表"的思想》[②]《最基本经验的内涵和精神实质》等。出版著作《国情·道路·现代化》[③]（吉林文史出版社）。《中国新民主主义革命的伟大实践》一文入选

[①]《中国共产党80年奋斗的历史本质》，人大复印报刊资料《中国共产党》2001年第7期全文转载。

[②]《中国共产党关于新民主主义革命发展战略与"三个代表"的思想》，2001年6月，荣获吉林省纪念建党80年学术研讨会一等奖；《人大复印报刊资料》2001年第10期全文转载。

[③]《国情·道路·现代化》，2002年11月，荣获教育部中国高校人文社会科学研究优秀成果三等奖；2012年12月，荣获第六届吉林省政府优秀图书奖；2006年12月，荣获第四届中国高校人民社会科学优秀成果三等奖。

中共中央纪念中国共产党成立80年理论研讨会。

2002年（76岁）。1月，吉林省政府授予吉林省荣誉省管专家称号。9月，任吉林省社会科学联合会第六届主席团顾问。12月，被选任吉林省委学习十六大精神宣讲团成员，是吉林省高校系统仅有的两名成员之一。发表论文《国情·道路·现代化》《理论创新的光辉典范》《中国特殊国情、特色道路与现代化》[①]《任人唯贤干部路线的时代内涵和现实意义》《宁都会议若干问题释疑》《人类社会发展动力理论的新论断》《20世纪中国三次巨变的历史结论》《党在指导思想上新的历史丰碑》《倾听时代声音 回答现实问题——读〈时代的声音——干部群众关心的重大理论和现实问题〉》等。出版著作《20世纪中国三次历史性巨变研究》[②]（东北师范大学出版社）。

2003年（77岁）。5月，应邀参加由教育部邓小平理论研究中心、扬州大学联合举办的"'三个代表'重要思想理论研讨会"。6月，任国家监察部与联合国开发计划署合作"中国廉政建设"项目"政务公开制度研究"课题领导专家论证评审组成员。

[①]《中国特殊国情、特色道路与现代化》，《人大复印报刊资料》2002年第7期全文转载。
[②]《20世纪中国三次历史性巨变研究》一书以深邃的理论思维，丰富翔实的资料，对近现代的中国革命、建设和改革的历史进程进行了全方位的系统考察，对中国特色的革命和建设道路的历史必然性进行了深刻地揭示，是一部富于理论创新的学术力作。2002年12月，荣获第六届吉林省政府优秀图书奖；2003年8月，被吉林省新闻出版局评为2002年度吉林省长白山优秀图书二等奖；2003年12月，荣获东北师范大学第三届社会科学优秀著作奖；2004年11月，荣获吉林省社会科学界联合会首次社会科学优秀成果奖。

发表论文《"三个代表"重要思想的深厚理论底蕴》等。

2004年（78岁）。被评为东北师范大学荣誉（终身）教授。3月，应邀参加"邓小平百年纪念——全国邓小平生平和思想研究会"。发表论文《"三个代表"重要思想在马克思主义中国化进程中的历史地位》《面向21世纪中国化的马克思主义——"三个代表"重要思想》《马克思主义中国化的伟大奠基人》《党的理论创新基本经验探析》《邓小平"发展才是硬道理"的真谛探析》《发展是硬道理：邓小平对社会主义现代化建设本质和规律的深刻揭示》①等。全年共招收博士研究生三人：刘国庆、王艳波、王占仁。

2005年（79岁）。4月，应邀参加由中国中共党史学会召开的"陈云生平与建设社会主义思想研讨会"。发表论文《毛泽东与遵义会议》《抗日战争与中华民族历史命运的伟大转机》《抗日战争与马克思主义中国化的历史进程》②《陈云在伟大历史转折关头的杰出贡献（1976—1982）》③《马克思主义中国化命题的形成、内涵及重大意义》《坚定理想信念　树立正确"三观"》

---

①《发展是硬道理：邓小平对社会主义现代化建设本质和规律的深刻揭示》，2004年8月，入选吉林省纪念邓小平同志100周年诞辰理论研讨会，被评为一等奖。
②《抗日战争与马克思主义中国化的历史进程》，2005年8月，荣获吉林省纪念中国人民抗日战争暨世界反法西斯战争胜利60年学术研讨会论文一等奖。
③《陈云在伟大历史转折关头的杰出贡献（1976—1982）》，2005年6月，荣获"吉林省陈云生平和思想研讨会"一等奖。

等。全年共招收博士研究生两人：刘慧、闫明。

耄耋勃发

2006年（80岁）。5月，出席由东北师范大学党委宣传部、政法学院等联合举办的"郑德荣教授从教55周年暨学术思想研讨会"。6月，应邀参加中共北京市委宣传部、北京市邓小平理论和"三个代表"重要思想研究中心联合举办的"纪念建党85年——首届马克思主义中国化论坛"。11月，应邀参加由中国延安干部学院、中国中共党史学会、中共中央文献研究室当代文献研究中心在延安主办的"纪念西安事变70年理论研讨会"，12月，被教育部聘为"中央马克思主义理论研究与建设工程"重大项目历史组评委。发表论文《全面准确理解中国特色革命道路》[1]《中国共产党与马克思主义中国化——写在中国共产党成立85周年之际》[2]《西安事变与中共应对突发事件能力论析》等。出版著作《郑德荣文存》[3]（三卷本）（辽宁人民出版社）、《毛泽东

---

[1]《全面准确理解中国特色革命道路》，人大复印报刊资料《毛泽东思想研究》2006年第6期全文转载。

[2]《中国共产党与马克思主义中国化——写在中国共产党成立85周年之际》，2007年12月，荣获第七次吉林省社会科学优秀成果奖论文类二等奖；2007年12月，荣获吉林省社会科学界联合会第二届社会科学优秀成果奖。

[3]《郑德荣文存（三卷）》，2007年3月，荣获东北师范大学第五届社会科学优秀著作特等奖；2007年9月，荣获长春市第三届社会科学优秀成果三等奖；2009年9月，荣获第五届高等学校科学研究优秀成果（人文社会科学）二等奖。

思想新论》①（东北师范大学出版社）。全年共招收博士研究生三人：梁继超、宋海儆、尚金州。

2007年（81岁）。6月，应邀参加北京邓小平研究中心和武汉大学举办的"马克思主义中国化论坛·2007"——马克思主义中国化的基本经验，做了题为《马克思主义中国化的基本要素探析》的重点发言。8月，应邀参加由中国中共党史学会举办的"'中国特色社会主义形成和发展'学术研讨会暨全国党校系统党史教学与研究专业委员会年会"。发表论文《马克思主义中国化的基本要素探析》《开拓中国特色社会主义更为广阔的发展前景》《党的思想路线：马克思主义中国化的生命线》《中国特色社会主义道路的纲领性文献》《中国特色社会主义理论：从探索到形成》等。全年共招收博士研究生两人：姜淑兰、高地。

2008年（82岁）。5月，应邀在广州大学讲学，讲授主题为：《关于马克思主义中国化若干问题》。6月，应邀参加国家编译局理论与现实研究中心、东北师范大学当代马克思主义研究中心等在长春举办的"中国特色社会主义理论与实践学术研讨会"，做《马克思主义中国化的基本要素探析》的大会发言。9月，应邀参加由教育部人文社科重点研究基地湘潭大学毛泽东思想研究

---

① 《毛泽东思想新论》一书提出在新的形势下深化与拓展毛泽东思想研究的新领域，党史学家逄先知为此书作序，认为该书"在构建毛泽东思想体系方面，颇为新颖，别具一格"。2008年2月，荣获东北师范大学第六届社会科学优秀著作一等奖。

中心举办的"现代化视野中的毛泽东思想研究"国际学术研讨会，做《论毛泽东思想与中国特色社会主义理论体系的关系》的大会发言。12月，应邀参加纪念改革开放30年理论研讨会暨首届吉林省社会科学学术年会并做大会重点发言。发表论文《深刻理解马克思主义中国化的历史经验》《毛泽东的世界观人生观价值观形成的历史考察》《毛泽东荣辱观探析》《抗日战争时期马克思主义与中国革命实践的双向互动》《中国特色社会主义是科学社会主义在当代中国的创新》[①]《论毛泽东思想与中国特色社会主义理论体系的关系》《中国特色社会主义理论体系的思想先导——兼论毛泽东思想当代价值》《坚定不移地走中国特色社会主义道路》《论中国特色社会主义道路》[②]等。立项主持2008年度国家社科基金项目"中国特色社会主义道路基本问题研究"。[③] 全年共招收博士研究生三人：韩贺南、郝荣峰、郑莹。

2009年（83岁）。6月，赴绍兴文理学院"风则江大讲堂"讲授《伟大的历史新纪元——纪念中华人民共和国成立60周年》。8月，应邀参加中共中央文献研究室、江苏省委在苏州举办的"科

[①]《中国特色社会主义是科学社会主义在当代中国的创新》，2010年12月，荣获吉林省社会科学联合会第三届社会科学优秀成果奖。
[②]《论中国特色社会主义道路》，2008年12月，荣获吉林省纪念改革开放30年理论研讨会暨首届社会科学学术年会优秀论文一等奖。
[③] 国家社科基金项目《中国特色社会主义道路基本问题研究》已于2011年9月结项，证书号：20110943。

学发展观与全面建设小康社会理论研讨会"。9月,参加由中国中共文献研究会在湖南长沙召开的"毛泽东与新中国"学术研讨会暨中国中共文献研究会毛泽东思想生平研究分会成立大会,做大会交流发言,被聘为该会仅有的两名顾问之一。[①]10月,参加中共中央文献研究室和中国中共文献研究会在北京举办的"新中国60年与执政党建设理论研讨会暨中国中共文献研究会年会",做《历次党的全国代表大会对马克思主义中国化的卓越贡献》的大会发言。发表论文《共产国际与毛泽东领导核心地位的最终确立》《"大跃进"期间毛泽东对社会主义经济建设的探索与总结》《深刻理解和把握中国特色社会主义道路的几个基本问题》《"大跃进"时期毛泽东对调查研究的反思与实践》[②]《伟大的历史新纪元》《坚持马克思主义基本原理与推进马克思主义中国化相结合的真谛》《新中国诞生与中华民族的伟大复兴》(高校理论战线)《毛泽东新民主主义革命理论实践的集中成果:中华人民共和国的成立》《中国特色社会主义道路的社会形态和基本特征》《人民共和国国庆六个十周年历史足迹探踪》《十二大以来党对马克思主义中国化的卓越贡献》《毛泽东与中国发展道路》等。《历次党的全国代表大会对马克思主义中国化的卓越贡献》一文,

---

[①] 全国高校只有两位教授被聘为毛泽东思想生平研究分会顾问。
[②] 《"大跃进"时期毛泽东对调查研究的反思与实践》,《人大复印报刊资料》2009年第4期全文转载。

被评为中共中央文献研究室、中国中共文献研究会举办的"新中国60年与执政党建设理论研究会"特约论文。全年共招收博士研究生一人：黄伟。

2010年（84岁）。10月，应邀参加中共中央文献研究室等举办的"毛泽东与马克思主义政党建设"学术研讨会，做大会发言。发表论文《科学社会主义在当代中国的创新模式——中国崛起的特色社会主义发展道路》[①]《中国特色社会主义道路的历史逻辑》《党的基本路线是中国特色社会主义道路的核心和生命线》《科学发展观与全面建设小康社会关系的理性思考》[②]《共产国际、联共（布）与马克思主义理论研究和建设工作论析》《中华民族走向复兴的历史枢纽——纪念抗日战争胜利65周年》《共产国际、联共（布）与马克思主义中国化研究的新探索——〈共产国际、联共（布）与马克思主义中国化研究（1919—1943）〉简评》《毛泽东思想的历史地位与当代价值》《中国特色社会主义理论体系逻辑结构剖析》等。全年共招收博士研究生一人：牟蕾。

2011年（85岁）。4月，应邀参加在北京举行的全国党史理事会、党史年会。6月，出席由东北师范大学党委宣传部、政

[①]《科学社会主义在当代中国的创新模式——中国崛起的特色社会主义发展道路》，2009年12月，荣获吉林省社会科学学术年会优秀论文一等奖。

[②]《科学发展观与全面建设小康社会关系的理性思考》，《人大复印报刊资料》2010年第8期全文转载。

法学院等在长春联合举办的"纪念建党90周年暨郑德荣教授从教60年学术思想座谈会"。①7月,应邀参加由中央组织部、中央宣传部、中央党校、中共中央文献研究室、中共中央党史研究室、教育部、中国社会科学院、解放军总政治部等八部委在北京京西宾馆联合召开的"全国纪念中国共产党成立90年理论研讨会"。②9月,应邀参加教育部纪念建党90周年理论研讨会,并在大会上做重点发言。11月,应邀参加由中国中共文献研究会毛泽东思想生平研究分会和广州大学在广州联合举办的"毛泽东与马克思主义中国化"学术研讨会。发表论文《照顾大局 相忍为党——周恩来20世纪30年代初的艰辛岁月》《马克思主义中国化的艰难起步》《党的领导地位是历史的人民的选择——深入学习胡锦涛"七一"讲话》《"四个统一"——毛泽东党建理论的突出特点》《中国特色社会主义理论体系研究中几个值得探讨的问题》《中国特色社会主义道路基本问题论要》《马克思主义中国化时代化大众化纵横观》《马克思主义中国化实践规律探析——以新民主主义理论的创立为视角》③《论高校思想政治教育"一体化"

---

① 大会共收到来自中国中共党史学会、中央党校及党史学家逄先知、龚育之、石仲泉等单位、个人的贺信、贺电35封,此外大会还收到十余家单位和个人赠送的花篮。
② 郑德荣教授向大会共提交征文两篇,经八部委评选,两篇论文均入选大会征文。一篇由中宣部推荐(推荐十篇选中四篇),一篇由吉林省委宣传部推荐(推荐四篇选中一篇)。
③《马克思主义中国化实践规律探析——以新民主主义理论的创立为视角》,《人大复印报刊资料》2011年第7期全文转载。

的实践路径》《生命力凝聚力战斗力的鲜明体现》《中国共产党与中国特色道路》《马克思主义中国化时代化大众化的历史轨迹和宝贵经验》《中国共产党90年不懈奋斗的历史本质》[①]《乐以终身治学科研 悦以毕生授业解惑——60年学术道路回顾》《中国共产党对"九一八"事变的应对》等。出版著作《郑德荣文存（第四卷）》[②]（吉林人民出版社）。《中国共产党理论创新的历史经验》一文被中央组织部、中央宣传部、中央党校、中共中央文献研究室、中央党史研究室、教育部、中国社会科学院、解放军总政治部等八部委评选为纪念中国共产党90周年理论研讨会入选论文。全年共招收博士研究生一名：裘斌。

2012年（86岁）。发表论文《毛泽东与马列主义党建理论中国化》《中央苏区时期毛泽东反腐倡廉思想与实践》《延安整风：中国共产党自身建设史上的丰碑》《皖南事变与中国共产党应对突发事件能力探析》《毛泽东"寻乌调查"与党的思想路线形成论析》《"两个务必"提出的思想动因及其当代价值》《中国特色道路的历史辉映——〈复兴之路〉简评》等。出版著作《中国特色社会主义道路基本问题研究》。[③]全年共招收博士研究生一人：

---

①《中国共产党90年不懈奋斗的历史本质》，2011年6月，荣获"吉林省纪念中国共产党成立90年理论研讨会"优秀论文一等奖。
②《郑德荣文存（四卷）》，2012年3月，荣获东北师范大学第十届社会科学优秀著作特等奖。
③《中国特色社会主义道路基本问题研究》，由郑德荣、孔德生、姜淑兰等合著完成。

张小宝。

2013年（87岁）。4月，任教育部与中共中央党史研究室中国共产党革命精神与文化资源研究中心专家指导委员会委员。9月，参加由中共中央文献研究室、中国中共文献研究会、毛泽东思想生平研究分会联合主办的"纪念毛泽东同志120年诞辰学术研讨会暨2013年年会"，任中国社会科学院《毛泽东思想研究》专家指导委员会委员。发表论文《毛泽东思想的历史地位与当代价值新论》《民主革命时期中共应对突发事件的历史经验与现实启迪》《中国特色社会主义道路的开辟、推进和拓展》《中央苏区时期毛泽东的群众观与实践》《论乡村政治信任重建中的村民公共参与》[①]《科学发展观的时代价值与实践意义新探》《毛泽东对中国社会经济历史性跨越的重大贡献——独立的比较完整的国民经济体系的建立》《毛泽东对中国社会三次历史性跨越的重大贡献》等。全年共招收博士研究生一人：彭波。

2014年（88岁）。7月，任湖南省毛泽东思想研究中心顾问、《毛泽东研究》杂志编辑指导委员会委员。9月，被吉林省公务员局、吉林省教育厅授予"吉林省优秀教师"荣誉称号。发表论文《长征与新的革命战略基地的艰难抉择》《邓小平"走自己的路"

---

① 《论乡村政治信任重建中的村民公共参与》，《人大复印报刊资料》2011年第7期全文转载。

思想动因探析》等。立项主持国家社会科学基金年度项目："中国特色社会主义道路基本特征研究"。出版著作《毛泽东思想纵横观》①（人民出版社）。全年共招收博士研究生一人：刘伟志。

2015年（89岁）。6月，荣获东北师范大学校级"三育人"标兵称号。9月，荣获"长春市师德标兵"称号。发表论文《从"破冰再行"到"乘风破浪"——邓小平南方谈话思想奠定全面深化改革的理论基础》。公开发表《毛泽东抗日战争的战略构想与顶层设计》《中国特色社会主义基本特征论析》《抗日战争：近代中华民族历史命运的大转折》《毛泽东思想活的灵魂是党的思想方法与根本路线》等。出版著作《中共党史若干问题纵横观》②（人民出版社）。全年共招收博士研究生一人：邱潇。

2016年（90岁）。6月，获"吉林省优秀共产党员标兵"荣誉称号。7月，出席"毛泽东思想的当代价值学术论坛暨郑德荣教授从教65年学术思想研讨会"。9月，应邀参加由东北师范大学主办的"七十洄想——东师校庆讲坛"报告会，做题为《治学之道之我见》的学术讲座。发表论文《"以苏为鉴"：探索中国特色社会主义道路的历史逻辑起点》《中国式工业化道路的探索与中国道路的开辟——邓小平对改革开放与前30年关系的深

---

① 《毛泽东思想纵横观》，由郑德荣、王占仁合著完成；2015年4月，荣获东北师范大学第十三届社会科学优秀著作特等奖。
② 《中共党史若干问题纵横观》，由郑德荣、王占仁合著完成。

刻揭示》《习近平传统文化观的历史渊源与思想精髓》《毛泽东长征途中应对严峻挑战的三大抉择》等。出版著作《马克思主义中国化纵横观》①（人民出版社）、《郑德荣文存（五卷）》（吉林人民出版社）。

2017年（91岁）。 10月，任吉林省法学会党内法规研究会顾问。12月，组织人员申报"研究阐释党的十九大精神国家社科基金专项投标项目"《习近平新时代中国特色社会主义思想基本内容和科学体系研究》。发表论文《共产国际支持毛泽东中共中央领导地位的原因探析》《"十四年抗战"概念衍生的党史分期问题研究》《土地革命时期中国共产党解决妇女特殊利益的历史逻辑》《中国特色社会主义的真谛和要义论析》②等。全年共招收博士研究生一人：胡范坤。

2018年（92岁）。 4月，受邀参加在北京人民大会堂举行的"纪念马克思200周年诞辰大会"，因病未能成行。5月3日，因病医治无效在长春吉林大学第一医院去世。6月，被中共中央追授"全国优秀共产党员"③，被教育部追授"全国优秀教师"④。

---

① 《马克思主义中国化纵横观》，由郑德荣、王占仁合著完成。
② 《中国特色社会主义的真谛和要义论析》，《人大复印报刊资料》2018年第3期全文转载。
③ 2018年6月27日，中共中央做出了《中共中央关于追授郑德荣等7名同志"全国优秀共产党员"称号的决定》。
④ 2018年6月8日，教育部做出了《教育部关于追授郑德荣同志"全国优秀教师"荣誉称号的决定》。

11月，入选100名改革开放杰出贡献表彰对象。12月，中共中央、国务院追授"改革先锋"荣誉称号，颁授改革先锋奖章①。完成论文《卢沟桥事变是国共谈判由僵持转为合作抗日的转折点》（未刊）、《深刻理解中国道路的历史必然和科学真理性》（未刊）、《习近平全面从严治党重大理念论析》（未刊）、《习近平治国理政的五大理念》（未刊）等。《马克思主义中国化的历史进程、主要成果和宝贵经验》一文入选纪念马克思200周年诞辰理论研讨会。

◎附录2：小事映大爱——悼念恩师郑德荣先生

郭学贤

郑老师与我们永别了，但是他作为全国优秀共产党员、全国优秀教师所展现的信念坚定、对党忠诚、担当作为、干事创业的新时代典型的精神，会让我们永远的追思和学习。

我很幸运，从1970年毕业留校开始，不仅与郑德荣先生在政法学院共事几十年，还是在师大自由五舍与郑老师相处将近10

---

① 改革先锋，是中华人民共和国在庆祝改革开放40周年大会上授予的荣誉称号。12月18日，党中央、国务院决定，授予于敏等100名同志"改革先锋"称号，颁授改革先锋奖章。

年的邻居。同郑老师及他家人近距离的接触，使我了解许多鲜为人知的感人故事，现在我讲出来，以便大家更深刻全面地了解郑老师，更好地认识他的幸福、和谐、向上的优良家风。

郑老师有五位子女，由于"文化大革命"知青上山下乡的原因，使他们错过了回城和受教育的最佳时机。郑老师在20世纪70年代末已经开始招收研究生，在社会上已有一定的影响，他完全可以帮助子女"走捷径"弥补遗憾。但是他没有这样做，而是鼓励子女凭自己的力量改变命运。孩子们了解父亲，也理解父亲，都默默地努力拼搏，不仅取得了学历，还找到了适合自己的工作。他们工作都很出色，有的还评上了教授。

正是郑老师对子女的严格要求，形成了郑家独特的优良家风，每年春节他们都要举行家庭聚会。与众不同的是，全家不仅团聚、吃喝，而且要汇报每个小家庭这一年来做的好事，例如，夫妻恩爱、评上先进、子女教育得好、孝敬双方父母，等等，郑老师和夫人给这些好事讲评，还给发红包鼓励。我有幸在2015年应邀参加了郑老师一家四代人（二十多口人）的聚会，那次聚会的主题是"怎样教育子女品学兼优"。当时请了盖老师（郑老师夫人）的一位学生和家长介绍经验，我记得学生家长讲，孩子在盖老师的教育下养成了良好的学习习惯，考试总是名列前茅。但是独生子女毛病不少，要认真教育孩子懂礼貌、讲道德等问题。

她讲后,各"小家"代表发言与之对比找出自己的不足。郑老师做总结式发言,他说一个家庭的和谐幸福不仅要吃得好、穿得好、住得好,还要有道德品质教育,大人的工作岗位虽然平凡,但是要做出先进的事迹,孩子不仅学习要好,还要关心集体和他人,做到品学兼优……面对这样一个充满和谐、上进气氛的大家庭,我不仅感受着他们的快乐,也为他们感到自豪,更羡慕他们有这样的慈父,以这种特殊形式的正能量,把我国传统的优良家风融进现代的大家庭之中。

◎附录3:难忘的情境 一生的典范——记我师郑德荣先生

张　红

人生在世,总有一些场景铭刻于心,永远难忘。尽管时光如逝水,往事多隐没于岁月的尘埃,但1996—1999年在读恩师郑德荣先生博士研究生时,老师那一个个教书育人的感人片段,就像一座座丰碑矗立在我心中,每当我累了、倦了、懈怠了,那些情境就在我心中发酵、沸腾,洗涤我心灵,照耀我前行。

情境一：老师神采奕奕做报告的情景

1986年初春的一天，东北师范大学礼堂，简朴而有些寒冷的大厅座无虚席，全校文科系的学生都在翘首以盼，准备聆听东北师范大学中共党史博士研究生导师，毛泽东思想研究所所长郑德荣先生做学术报告。郑德荣先生是当时全国高校三个党史博士点之一的奠基人，与中国人民大学中共党史博士点的学术带头人胡华、北京师范大学中共党史博士点的学术带头人张静如齐名，因此格外引人注目。忘记了报告的确切题目，只记得郑老师讲得特别好，他双目炯炯，神采奕奕，声音非常洪亮；他把高深的学问讲得浅显易懂，给我们一种举重若轻的感觉；他那些充满智慧的经典语言，如：如非学无以广才、非志无以成学，才者德之资、德者才之帅，不怕起点低、就怕无毅力等撞击着我们的心灵，使我们如沐春风。尤其是他那种作为老知识分子，对国家、对人民、对社会的忧患意识和责任感，以及为社会服务，决不虚度年华，倾尽全力为国家培养人才的国家民族情怀令我们震撼。郑德荣先生成为我们心目中学者风度的象征。此后又荣幸听了几次郑德荣老师的党史专题课，深刻认识到忘记过去就意味着背叛。研究中国近现代历史发展的特殊规律和中国共产党领导革命和建设的丰富历史经验与沉痛教训，可以发挥资政育人的社会功能，是坚持党的领导，巩固人民民主专政，推动社会发展的迫切需要。于是我和政治系很多同学都依此便选择了党史专业,并发誓一定要考上博士研究生,做郑德荣老师的学生。

情境二:老师往我兜里塞水果的情景

1994年硕士研究生毕业后,我留在了东北师范大学政治系党史研究室,我做好了向自己梦想——做郑德荣老师的博士生冲刺的准备。1995年深秋的一天,为了跟老师汇报自己的想法,也请教一些党史专题方面的问题,我买了几斤水果作为见面礼去看望老师。老师的家里非常简陋,小小的三室一厅,显得很是拥挤,没有任何奢华的家具,可却充满了温馨。老师态度谦和、诚恳,师母温柔慈祥,笑容可掬,让我有一种回到娘家的感觉。在一个多小时的时间里,老师循循善诱,给了我很大的启发和鼓励。尤其是临出门时那一幕我终生难忘,老师非常诚恳地说,听说你生活很困难,你一定要把水果带回去,见我执意不肯,老师说,我从来不收学生礼品,如不听我话你就别想当我的学生了,几经推搡,我终于无奈地拿走了水果。后来成为郑老师的弟子后,才知道那年跟我一起竞争的有两位吉林省政法系统的高官,有教授推荐的商界精英,老师只有一个计划内名额,却招了两袖清风的我。郑德荣先生清廉如斯,令人崇敬。

郑老师经常教导我们,社会主义市场经济条件下,国家正在转轨，我们要坚定信念，要经受住西方思想的强烈冲击和"糖衣炮弹"的诱惑考验，始终把德育教育放在首位。他是这样说的，也是这样做的。

情境三：老师扳着手指夸赞学生的情景

老师常说自己人生的最大欣慰感和快乐源泉："一是科研成果给人以启迪，服务于社会；二是学生成就给我鼓励，青出于蓝而胜于蓝。"老师的人格魅力，像慈父一般关怀着每一名学生，许多学生每当有喜讯时，一定要与老师分享；每当有烦恼时也同样要向老师倾诉，在精神上依赖着他，在工作、学术与生活上总是希望得到老师的指点。在老师的家里，在老师授课的闲暇，在大家相聚一堂给老师庆祝生日的时刻，老师谈论最多的都是他的学生，谈起学生时他很高兴、很兴奋，侃侃而谈，眼睛明亮、思路清晰、精神矍铄，饭菜都凉了也顾不上吃。他谈的是他的全部学生，一个都不少，就像他自己的孩子，都在他的心中，他为每一名学生的点滴进步而欣慰和自豪，每每听到学生有了新的成绩，新的进步，老师脸上那种愉悦只有一个在内心深处和学生紧密联系在一起的人才会有；他对那些卓越的学生的骄人业绩总是赞不绝口，娓娓道来，那种陶醉和骄傲之情不下于他自己取得了新成绩，同时号召大家相互学习；他谈的是学生的优点。老师从教 65 年，弟子上千，仅亲自带的硕士、博士研究生就 60 人，在他的嘴里没有听到一个人的不是，只有肯定，只有鼓励。而对于每个人的缺点都是个别的当面指出。工作多年以后越来越感到要做到这一点其实很难，无论是家长、师长还是领导，没有一颗博大的、包容的胸怀和深刻的教育品格、教学艺术是万难做到的。

情境四：研讨互动、教学相长的实训教学情景

即使今天，实训教学理念也未能普及，可几十年来老师一以贯之的就是实训教学模式。如他的教学充满人性化，他总是"以人为本""目中有人"充满人情和人道。他瞪着大大的眼睛，关切地看着每一名学生，看学生是否理解了，是否能够跟上思路，是否还存在什么问题，无论什么课题，无论什么时候上课，如有不懂之处，我们都可以随时打断老师而及时提问，老师会根据我们的需求，苦口婆心，举一反三地反复讲解，真正做到了以学生需求为导向，增强了教学的针对性；他总是坚持以问题为中心。老师主张以问题促进思考，以任务带动学习。每次上课都是围绕着一个一个问题的解决来推进专题的完成。注重让学员懂得学会树立问题意识，学会问题思维，把藏在"是什么"之后那个"为什么"找出来。他的问题是严谨的、理性的，是经过严格的逻辑层层递进的。毕业 20 年了，我充分认识到发现问题、呈现问题、

探讨问题,比告诉正确答案更有意义,这就是授人以渔而不是授人以鱼,这种思维方法使我终身受益;他始终坚持以研讨为模式。最难忘的是一次次热烈讨论的场面,讨论中体现了以学员为主体,以教师为主导。老师十分注重发挥学生的主动性和创造性,在课堂上总是鼓励学生发表不同的意见。尽管他是一名声名远播的学者,但他很有雅量,他坚持让学生做学习的主人,老师最常说的话就是,"你说说""你怎么看""说说没关系""思考,可变死知识为活知识,常议论能促进深入思考",使学生由被动听课、机械记忆到主动参与、质疑论辩。老师以非常高的洞察力,迅速发现问题,捕捉到我们的每一闪念,忽而微笑、忽而皱眉思考、忽而穿针引线引导两句,使学员们往往没有任何顾忌,敞开心扉,真诚地表达与交流,使每个人的知识、经验、智慧,包括精神价值和审美意识在这种充满激情的思考、思辨、交流碰撞中实现成长;他总是以任务带动科研,以科研成就保证教学质量。科研和教学相互促进是老师指导学生学习的基本思路。老师说:"勤写作,动脑动手相结合,才能把储备的知识进行理性升华,有所研究,有所创新,多出成果。"截至目前,老师带的六十多名学生,全都跟老师合作撰写过至少一篇论文,通过从选题、论证、学术价值和社会功能、收集资料到拟提纲、讨论文章的中心思想、文章修改、最后定稿的反复讲解,使学生得到切实的指导与训练,受益匪浅。拿我来说，先后跟老师参加了教育部关于《邓小平社会主义初级阶段论》等三个国家级课题研究，在起草《社会主义初级阶段理论是警惕右，防止"左"的基石》一文时，我还清楚地记得，起初不会搞科研，我很畏难。老师鼓励并指导说，学习和科研没有什么奥秘和诀窍，要多读书、常思考、常议论、勤写作，就这个课题来说，这是个新课题，又是个政治敏感性很强的课题，你一是要一丝不苟地吃透中央的精神，掌握相关的指示、决定，论述要有依据，要准确可信，方向和论点不能跑偏。二是必须了解、理解社会发展阶段论等相关的基础理论、知识背景，读书破万卷，下笔如有神。论从史出，掌握大量的资料是搞好研究的基础，要下一点坚实的笨功夫。三是要采取辩证的思维、对比的方法，就社会主义与资本主义的异同、社会主义不同发展阶段进行认真的比较研究，等等。老师的实训教学模式与实战演练的科研训练方法使我想起了孔子的"问仁""问礼""问政"以及"苏格拉底式对话"，真正体会了教育不是灌输，而是点燃智慧的火焰！

情境五：郑老师与老伴儿伉俪情深的情景

老师是圆融的，他对老伴儿、对子女、对弟子都是那样的谦和。郑老师有一位举案齐眉、相濡以沫、比翼齐飞的好老伴儿，她叫盖静安，他们结婚已经70年，度过了金婚、钻石婚。几十年来他们比翼齐飞，盖老师虽然学识不及老师，但是爱心与贡献决不亚于老师。在职任小学教师时，她被评为高教，年年是学校表现突出的模范；退休后，她连续17年义务教孩子认字，先后教授了17位学龄前儿童，在教学中她创立了一套适合4岁左右孩子的教学方法，孩子们每年都能掌握三千多个汉字。她从不收受任何好处，对于个别人诚心表达的感激之情，她都全部捐赠给社区孤寡老人，她的仁德良善与奉献得到社会和孩子家长的高度礼赞。他们恩爱情深。记得很多个这样的场景，无论是出门赴宴还是做学术报告以及参加各种活动，老师都要征求老伴儿的意见，穿什么衣服，怎么搭配好看等，有时已经穿戴好，但只要盖老师提出不同意见，他一定会完全按照盖老师的意见重新打扮。印象中他们总是相亲相爱，相敬如宾，彼此充满了无微不至的关怀。还记得以前盖老师有耳鸣的毛病，怕声，每到春节万家灯火、鞭炮齐鸣的时候，盖老师必须找个僻静的地方住几天以躲鞭炮。有一年春节在我的小小宿舍里住，还记得去接送盖老师的时候，老师对老伴儿那种殷殷地嘱托、细心地叮咛充满了关爱之情。郑老师每每在回首总结自己的成绩时总是忘不了说："值得一提的是，我的老伴儿为了让我能够将全部精力投入事业，承担了全部家务，同时也是我文稿的第一读者，常常提出一些有益的意见。我的成功包含着她的辛勤劳动。"

我是1996年成为郑老师的弟子，转眼已过二十多年，二十多年前老师的那一幕幕场景深深地铭刻在我心中。在人生征途上，先生已经走过九十余年，而依然在耕耘，在重复着那些片段、那些故事。面对未来，老师说："虽已是耄耋之年，但我在教学科研的岗位上辛勤耕耘之心绿树常青，培养后学之情殷切昂扬，探索创新之志激荡澎湃。莫道桑榆晚，为霞尚满天。"祝我崇敬的导师郑德荣，这位教育行家、教育大家、党史学界的教育恒星，永远熠熠生辉；愿我们以老师为榜样，怀忠国之心，存仁爱大义，树教育理想，养浩然正气。

◎附录4：教泽永铭心如许　师恩浩荡重如山——素描先生二三事

黄　伟

光阴似箭，岁月如炬！弹指一挥间，毕业后离开恩师郑德荣先生已3年有余。每每思及老师对我恩同再造的似海深情，都觉得只有在绝对纯粹心静的环境中才能神圣地打开思忆的闸门，却让点滴回忆激起思绪万千。

郑先生口中的"这孩子"

郑先生对待每一个学生、每一个后学晚辈都如同自己的孩子，介绍或评价我们时总是称为"这孩子……"侧面听来满满的都是亲切感。郑先生这种大爱正可谓"爱满天下，爱生如子！"

每当不经意间听见郑先生对师母或者其他人提到我时用到的那句"这孩子……"开头的称谓时，对于一个来自外地的年轻人来说，心里满溢的是无比欢悦的亲切感，这种慈父般的关爱成为激励我要做好、做得更好、做到最好的动力和决心。

我第一学历只是中师，非科班出身的学历背景一直让我非常自卑。记得2008年决心考博时了解到了郑先生的相关信息，经反复犹豫多次才鼓起勇气拨打了誉满天下、名动四海的先生家的电话，心情惶恐忐忑、非常紧张，但是先生亲切和蔼的交谈很快就缓解了我的紧张情绪，中气十足的声音怎么也难以和八十多岁的名博导联系在一起，亲切的鼓励和安慰让我鼓足勇气下定决心去报考先生的博士。素昧平生的"两个世界"的两个人，就因为这次电话才有了之后的恩重如山、情深似海的师生缘。

2009年3月第一次去举目无亲的长春，第一时间就去到网上"踩点"过的人民大街的学人书店，顺利找到了久仰的《郑德荣文存（三卷本）》，内心真是欣喜若狂，读过几天后更是敬佩有加，心里非常渴望能拜见大名鼎鼎的郑先生，于是冒昧地打电话向先生提出登门拜访的请求，先生得知我的诚意后详细地告诉了家庭住址和具体线路。

第一次去先生家，在寒冷的长春立刻感受到先生暖人心脾的亲切和蔼。先生精神矍铄、思辨敏捷，怎么也不能和想象中的八十多岁的老人联系在一起。交谈中更是被先生的谈吐和博学深深震撼，对90年党史高度总结时语言高度凝练，而先生在谈到具体问题发表独到见解时更是娓娓道来、如数家珍，这对一个尚未正式跨进党史专业领域的后学来说除了听得如痴如醉，更多的是深深感到自己在大师面前的渺小与不足，还有就是半懂不懂、头脑没法完全记住并消化其中的精辟理论观点，和先生这次半个多小时的简单谈话感觉可能有点像占仁师兄后来多次提到过的"经历过一场头脑风暴"。临走出门时，刚好碰见师母，先生主动向师母介绍："这孩子"是从云南大老远过来参加考试的。"这孩子"三个字就这样深深地留在了我的脑海深处，至今记忆犹新。

言如其心！言如其行！先生内心把每一个学生和后学晚辈都视作自己的"孩子"一样，"爱生如子"是先生对学生们的最真切概括。不管是在读的学生，还是对已经毕业参加工作的学生，都能深深体会到先生对大家如同自家孩子一样的深切关爱。而我亲爱的师兄、师姐、师弟、师妹们也都像孩子一样孝顺、敬重、爱戴、关心郑先生，每当逢年过节或者平常有空时，李蓉师姐、萃冶师兄、洪河师兄、淑兰师姐等很多省内外的师兄、师姐、师弟、师妹们都会给老师打电话问候,关心老师、师母的身体健康并汇报近况告知喜讯;而在老师生病住院期间,舒伟师兄、淑文师姐、张红师姐、王晶师姐、淑兰师姐、占仁师兄、荣峰师兄、德生师兄、高地师兄,等等,更是第一时间无微不至地关心探望忙里忙外、尽心尽力;师门的兄弟姐妹也都因为共同孝敬、关心老师而同心同德、团结互爱……我们师门正是一个在郑先生教导下师生间教学、工作、生活等各方面互相关爱、真情互动、团结友爱、奋发向上的大家庭!郑先生和众多师兄、师姐都是我学习的楷模和榜样!

学界眼中的"郑先生"

有幸考上郑先生的博士研究生后,老师丝毫没有嫌弃我的学历背景,一视同仁地对我提出严格要求并进行耐心指导。正是在老师的谆谆教导下,我逐渐取得一些进步,并慢慢自信起来了。

在校期间,有幸陪同老师参加了很多省内外的大型学术理论会议,记忆最深的是2011年7月1日参加的由中共中央主办,中组部、中宣部、中央党校、中共中央文献研究室、中共中央党史研究室、教育部、中国社科院、中国人民解放军总政治部等八部委在京西宾馆联合承办的"纪念中国共产党成立90年理论研讨会"。这次理论研讨会是胡锦涛同志审定的庆祝中国共产党成立90年三大重要活动的重要一项,是迄今为止中共中央举办的最高级别、最为隆重的纪念中国共产党成立的一次理论盛会。参加这次会议的主要有主办单位负责同志,中央宣传思想工作领导小组成员,入选论文作者(郑老师论文是代表教育部入选的三篇之一),理论界特邀代表,各省区市和新疆生产建设兵团党委宣传部主要负责同志,中央直属机关工委、中央国家机关工委和中国人民解放军总政治部宣传部负责同志,共约230人,其中省部级领导干部有99人,将军十余人。出席这次会议的吉林省代表只有郑老师和时任省委常委、宣传部部长荀凤栖两人。而同时出席这次会议的还有我们师门的喜德师兄和建武师兄。

十年大庆一次的严要求、高级别、高规格的隆重纪念中国共产党成立的理论研讨会是党中央和我国理论界都高度重视的一茂重要政治活动和理论界盛事。老师连续三个10年分别参加了由中共中央审定的中组部、中宣部等牵头主办八部委联合召开的纪念中国共产党成立70年、80年、90年的三次国家级理论研讨会,每次都以高质量的学术理论文章成功入选并得到理论界的充分肯定和高度评价,其中80年、90年的会议分别有两篇不同文章从不同部门荐入会议,这些荣誉充分显现出一位辛勤耕耘一甲子的老党史工作者对党的真切热爱和对马克思主义的坚定信仰,凸显出一位从教六十余年的教育工作者和理论工作者在马克思主义和党史研究领域的深厚功底和精深造诣。

会议期间，李蓉师姐、邢华师姐和志铭师兄等纷纷来京西宾馆看望老师。逄先知先生、赵曜先生等全国理论界的众多泰斗级学者和学术大家也都来参会了，这些老师的老朋友在每次用餐时都同坐一桌，亲切畅谈交流，在对这些有着深厚理论积淀依然执着于学术追求的理论大家们异常感佩之外，更多的是对八十多岁的他们几十年惺惺相惜的神圣友情的莫名膜拜。

2011年7月1日上午，郑老师等与会代表参加了在人民大会堂隆重举行的庆祝中国共产党成立90年大会，聆听了胡锦涛同志在大会上的重要讲话。散会后，中共中央文献研究室原主任逄先知先生邀请郑老师和他们一起乘车同返宾馆，当时车上还有中共中央文献研究室原主任冷溶，当逄先生向冷主任介绍郑老师时，冷主任笑着说哪里还用介绍，我们都是读郑老师的书成长起来的。可见郑老师在中青年学者中有很大的影响力和知名度，主要是因为当时恢复高考后很多高校理论课使用的都是郑老师主编或撰写的教材。

2011年11月，我有幸陪同老师参加由中国中共文献研究会毛泽东思想生平研究分会和广州大学在广州联合举办的"毛泽东与马克思主义中国化"学术研讨会。会议上见到了师门的建武师兄、世明师兄和欧阳师兄。报到入住后的当天晚上，一起参会的教育部人文社科重点基地湘潭大学毛泽东思想研究中心主任李佑新教授在看到参会名单中有郑老师后，专程请建武师兄陪同过来拜访郑老师，敬重之情溢于言表，交谈良久，相谈甚欢。次日会议召开的茶歇空隙，中共中央文献研究室原副主任、《求是》杂志社原社长李捷同志主动来到郑老师面前握手问好并亲切交谈。一同参会的教育部高等学校社会科学发展研究中心原主任田心铭教授也主动热情地陪老师一起散步交谈。这些都充分体现出这些领导和专家学者对老师的钦敬和重视。

另外有一次老师去参加理论研讨会时，事先获悉老师会去，参会的中国史学会原会长、中共中央文献研究室原常务副主任金冲及先生，专门携带了唯一一套他亲笔签名的心血之作《二十世纪中国史纲（四卷本）》到会场，正式地赠送给郑先生，足见这两位大家之间的跨世纪的惺惺相惜之友情。

总之，学界眼中的郑先生是有口皆碑的，譬如，中共中央文献研究室原主任逄先知先生盛赞郑先生："您是研究毛泽东思想的著名专家，受到党史界同仁们的尊重。您在毛泽东思想的教学、研究和宣传方面做出了重要贡献，为国家培养了许多这方面的人才。""是享誉全国的中共党史和毛泽东思想研究学者，为党的思想理论建设，为培养大批党史学界优秀人才，做出了突出贡献。"

中共中央宣传部原副部长、中共中央党校原副校长、中共中央党史研究室原常务副主任龚育之先生亲笔赞扬郑先生："桃李无言，下自成蹊！"

中共中央党史研究室原副主任张启华研究员认为："郑德荣教授早在20世纪80年代就以学术成就闻名学界，是我非常敬重的德高望重的老一辈党史学家！郑先生虽已是耄耋之年，却依然老骥伏枥，笔耕不辍，对学术研究锲而不舍，探索创新，充分体现了老一辈党史工作者对马克思主义的坚定信仰，对党史学科的无比热爱，对高水平境界的不懈追求。这是值得我们永远学习的高尚情操和职业品德。"

中国现代史学会原常务副会长、当代著名的马克思主义历史学家、教育家彭明教授认为："郑德荣教授论著甚丰，见解独到，治学有方，育人有为，做人有则，为人谦和，在为人师表、资政育人、服务社会方面有着卓越的建树，为中共党史教学和研究事业做出了突出贡献。"

中国中共党史学会也专门致信赞扬："郑德荣教授德高望重，是著名的中共党史学家，为推动党史教学和科研工作的深入做了大量工作，有着重要的贡献。60岁后，郑德荣教授先后担任东北师范大学资深教授、荣誉教授。虽然已经80岁高龄，仍坚持在教学、科研第一线……郑德荣教授勤奋努力的工作态度，对事业的无比热爱和执着追求，对理想信念的无比坚定令党史学界的同仁深为敬佩。"

我心中亲爱的恩师和师兄、师姐们

读博的3年里，在老师的悉心栽培和教育影响下，我不但在学术科研上取得了较大的进步，个人道德素养也得到了全面的提升。我经常在心底无限感叹并立誓："我绝对是学历背景最卑微、学习基础最差劲的一个人，但是郑老师没有嫌弃我，师母和老师的家人都非常关心我，淑兰师姐、王晶师姐、李蓉师姐、张红师姐、世华师姐、静雯师姐、邢华师姐、贺男师姐、刘慧师姐和占仁师兄、舒伟师兄、建武师兄、萃冶师兄、荣锋师兄、国庆师兄、喜德师兄、德生师兄、高地师兄、洪河师兄、明榜师兄、志铭师兄等师兄、师姐们（以前特别自卑加上年龄相差较大都不太敢称呼师兄师姐）也特别关心照顾我。所以我要知耻而后勇，知不足而奋进，拼命去做到最好，决不能给老师和师兄、师姐们丢人，给师门抹黑，要以实际行动和进步的成绩去报答老师和师兄、师姐们的关爱和帮助！"

老师只希望学生们能为国家、为社会多做贡献，从来不图任何回报。老师无私的教诲更让我懂得去珍惜，我也用一颗感恩的心尽力去做好、做细、做实每一件与老师相关让老师开心的事，以报答老师的知遇之恩和栽培之恩，当时心中只有一个信仰："希望老师健康！开心！快乐！"可短暂的3年如白驹过隙、稍纵即逝，转眼就到了毕业的季节，大部分博士研究生的自然选择都是在高校当老师。当时老师为了我的毕业去向煞费苦心，亲自为我的事情找到母校的杨晓慧书记，想方设法帮我争取留校，并征得杨书记同意做他的博士后。占仁师兄也帮我多方努力，建武师兄也多次帮我联系工作。

当时自己内心非常的挣扎和迷茫，可考虑到自己的人生志向和理想，我还是决定选择去贵阳当公务员。当和老师汇报我的意愿后，老师还是以在学术讨论中一贯民主的方式帮我分析这一人生十字路口上的众多抉择，最终还是支持我忠于自己的选择。临离开长春的前一两天，当时动完手术不多久的老师身体还未完全恢复，老师和师母还专门安排大哥、二哥、三哥和二姐、二姐夫、凯旋等众多家人（其实按年龄我这么称呼哥哥、姐姐的挺不合适的）代他宴请我一个人，算是为我践行，这和平时老师家邀请我参加他们的家庭聚会时的感觉完全不一样，我当时感动得热泪盈眶却又心情莫名复杂！后来占仁师兄、王晶师姐又分别邀请在长春的师兄、师姐们为我践行，还专门安排车辆送我去车站，这些同样把我感动得热泪盈眶，由于不善表达，只有把深深的感动、感恩和感谢默默铭刻心底！

2012年年底,由于老师将要动手术,我想着不管工作多忙一定要回去看老师,以前老师在校医院住院时我也全程陪同过一个礼拜,所以就请了一个礼拜假回到长春,刚好老师正准备动手术,故交谈甚少,动完手术后几天老师转入ICU不允许随便探视,后来不得不带着对老师美好的祝愿返回贵阳。期间,百忙中的荣峰师兄还专门安排在长春的师兄、师姐们一起欢聚,并挤出时间多次亲自陪同,小宝师妹还专门送到新火车站。写到此处,已经忍不住泪流满面了!

往事历历在目,记忆历久弥新!老师和师兄、师姐们的恩情没齿难忘,只是不善表达,但真的铭感五内,常思回报!毕业后三年多来,虽然与老师和师兄、师姐们疏于联系,但经常都能获悉大家的一些动态!山高水长,牵挂常在,感恩常在,无以为报,唯有心中满满的美好祝福和美丽祈愿!而自己只有加倍努力、加倍拼搏、加倍进取,以期用工作成效去回报老师和师兄、师姐们恩情之万一。

郑老师不但学高为师,更是身正为范。无论是为人处事,还是对待教学科研、对待学术事业,都是我们每一个人学习的楷模和榜样!毕业三年多来,正是牢记老师的谆谆教诲,学习老师对党的无限忠诚和对党的事业的无限热爱,我始终以一个党史专业博士的思想要求,在贵阳的公务员岗位上恪尽职守、尽心尽力、践行宗旨，努力做好各项相关工作，并利用业余时间组织参与大量公益慈善活动，得到了组织、领导、同事和干部群众的普遍认可。下一步我将继续努力，慎重选择，坚定信仰，坚持理想，以期能有更多的机会、更好的平台、更大的能力去为国家、为社会、为群众做更多有价值、有意义、有实效的好事、实事！以不负老师和师兄、师姐们的关爱之情！

我的爷爷郑德荣 后记

历经半年多的艰苦写作，《我的爷爷郑德荣》一书付梓在即。2019年11月，吉林人民出版社的陆雨编辑联系到我，希望我能够从生活的角度写一本关于爷爷的回忆录，我思忖再三接受了这份沉甸甸的使命。毕竟我是爷爷的后辈，又和爷爷从事同一专业，为我能够顺利完成这本书提供了便利条件。但是在写作过程中也确实遇到了很多现实问题，比如说，以何种体例来写作的问题，我是从事科研教学工作的，写几篇专业文章还好，如何撰写一部回忆录尚属首次，该怎样行文下笔呢？为此我又反复多次请教陆老师，她在百忙之中给我提出了很多中肯的建议，为我的写作指明了方向。再比如说素材，虽然书的标题是我的爷爷，但是内容不能仅局限在我和爷爷之间，还应该进一步扩大写作范围，将视野覆盖整个家族，在很短的时间内家人们相继向我提供了大量的素材和照片，帮助我解决了很多问题。正是在吉林人民出版社的支持和家人们的帮助下，此部书稿才能够有机会问世。

最后，我要说的是爷爷用几十年的时光

为我们后人留下了一笔非常宝贵的精神财富，这笔财富，不仅仅是留给我们家人的，更多的是留给千千万万敬党、爱党，永远跟党走的广大读者的。谁为伟大时代的目标服务，并把自己的一生都献给党和祖国，谁才是不朽的。爷爷是当之无愧的，我自豪：因为我的爷爷是郑德荣。

郑凯旋

2020年5月